Marion Kosak

SchülerInnen leiten eine Station

Konzeption, Durchführung und Auswertung eines Projektes in der Pflege

D1641826

Marion Kosak

SchülerInnen leiten eine Station

Konzeption, Durchführung und Auswertung eines Projektes in der Pflege

GRIN Verlag

Bibliografische Information Der Deutschen Bibliothek: Die Deutsche
Bibliothek verzeichnet diese Publikation in der Deutschen Nationalbibliografie;
detaillierte bibliografische Daten sind im Internet über http://dnb.ddb.de/
abrufbar.

1. Auflage 2007
Copyright © 2007 GRIN Verlag
http://www.grin.com/
Druck und Bindung: Books on Demand GmbH, Norderstedt Germany
ISBN 978-3-640-30443-1

„SchülerInnen leiten eine Station"

- Konzeption, Durchführung und Auswertung

eines Projektes in der Pflegeausbildung -

von

Marion Kosak

Dipl. Pflegepädagogin

Abbildungsverzeichnis

4

Einleitung

In der theoretischen Ausbildung zum/zur Gesundheits- und KrankenpflegerIn werden zu erarbeitende Sach-, Sinn- und Problemzusammenhänge überwiegend sprachlich dargeboten und vermittelt. Diese Gegebenheit führt meist dazu, dass der bereits existierende Theorie-Praxisgraben an Tiefe zunimmt. Werden Unterrichtsinhalte sinnlich ganzheitlich, das heißt mit Kopf, Herz und Händen und allen Sinnen vermittelt (vgl. Jank/Meyer 2002, S. 155), wird es einfacher, einen hohen Anteil an Selbstständigkeit und Aktivität für die SchülerInnen zu sichern und somit theoretische Inhalte in die Praxis zu transferieren.

Der Gesetzgeber hat ebenfalls erkannt, dass die alleinige Vermittlung von Fachwissen in der heutigen Zeit für die Ausbildung nicht mehr ausreichend ist. Aus diesem Grund wurde in dem neuen Krankenpflegegesetz, welches 2004 in Kraft getreten ist, festgelegt, zu welchen Kompetenzen die SchülerInnen befähigt werden sollen, damit sie die Zielvorgaben der Ausbildung erfüllen können und daraus resultierend als handlungskompetente Pflegekräfte in das Berufsleben ´entlassen` werden. Für den Erwerb dieser Kompetenzen und die Erfüllung der Ausbildungsziele ist es von erheblicher Wichtigkeit, dass die SchülerInnen die Möglichkeit erhalten, ihr theoretisch erlerntes Wissen in der Pflegepraxis anzuwenden und zu verinnerlichen.

Die Idee zu dieser Arbeit entwickelte sich zu Beginn des 6. Semesters während meines Studiums zur Diplom-Pflegepädagogin. Zu dieser Zeit arbeitete ich als examinierte Pflegekraft in der Klinik Herzberg und Osterode GmbH und absolvierte ein Praktikum an der dazugehörigen Krankenpflegeschule. Zum ersten April 2006 wurde mir eine Arbeitsstelle an dieser Schule angeboten, die ich umgehend annahm. Die Krankenpflegeschule Herzberg bildet nach dem innovierten Krankenpflegegesetz jährlich circa 20 SchülerInnen zum/zur Gesundheits- und KrankenpflegerIn aus. Seit Beginn meiner beruflichen Tätigkeit an dieser Schule bin ich weiterhin bestrebt, die während des Studiums theoretisch erworbenen Kenntnisse in der Praxis anzuwenden bzw. diese zu intensivieren. Darüber hinaus möchte ich von dem Erfahrungswissen meiner Kolleginnen und Kollegen profitieren. Aus diesem Grund nutze ich jede Möglichkeit der Unterrichtshospitation oder führe Unterricht in Kooperation mit anderen Lehrkräften durch.

Am 06. April 2006 gestaltete ich gemeinsam mit der Leitung der Krankenpflegeschule eine Unterrichtsstunde im damaligen Mittelkurs, in der die Lernenden ihren Ausbildungsstand nach eineinhalb Jahren, sprich nach der Hälfte ihrer Ausbildungszeit, schriftlich reflektieren und anschließend verbalisieren sollten. Bei dieser Reflexion wurde den SchülerInnen bewusst, dass sie nur über ein geringes organisatorisches Wissen bezüglich des Stationsalltages verfügten. Die SchülerInnen stellten weiterhin fest, dass sie die in § 3 des Krankenpflegegesetzes formulierten Ausbildungsziele (vgl. KrPflG 2003) und die in der Ausbildungs- und Prüfungsverordnung festgelegte Forderung, alle anfallenden Aufgaben einer prozessorientierten Pflege einschließlich der Dokumentation und Übergabe (vgl. KrPflAPrV 2003, § 15 Abs. 1 Satz 2) durch die bisher in der Praxis gelernten und ausgeführten Tätigkeiten nicht vollständig erfüllen konnten. Es wurde deutlich, dass sie im Zuge der Einsparung von Pflegepersonal und dem daraus resultierendem Zeitmangel hauptsächlich Tätigkeiten zugeteilt bekamen und selten die Möglichkeit zum eigenverantwortlichen Arbeiten erhielten. Vieles lief im Hintergrund der eigentlichen Pflegetätigkeiten ab, von dem die Auszubildenden zwar viel erahnten, aber kein konkretes eigenes Handeln erlebten.

Da die Ganzheitlichkeit in der Pflege von Patienten im Mittelpunkt steht, ist dieses ein großer Missstand. Dieses Missverhältnis fiel auch den Lehrkräften der Krankenpflegeschule auf und sie suchten bereits seit Längerem nach einer Möglichkeit diesem entgegenzuwirken.

In diesem Zusammenhang bekamen die Lernenden zur Aufgabe gestellt, dass wenn sie mit aller Konsequenz eine Station übernehmen könnten, sie diese gestalten bzw. durchführen würden. Mit dieser Fragestellung und den dazugehörigen Überlegungen der SchülerInnen entstand die Idee zur Umsetzung des Projektes „SchülerInnen leiten eine Station", bei dem die Auszubildenden in einer kontrollierten Ausbildungssituation für eine bestimmte Zeit eine Pflegestation übernehmen sollten.

In dieser Arbeit wird die Effizienz der Durchführung eines solchen Projektes für den beruflichen Werdegang der SchülerInnen beurteilt, um dieses, bei positiver Resonanz, als festen Bestandteil in die Ausbildung zum/zur Gesundheits- und KrankenpflegerIn zu integrieren. Dabei wird der konkreten Fragestellung nachgegangen, ob die SchülerInnen durch das Projekt die Möglichkeit bekommen, die Anforderungen der neuen

Gesetzgebung zu erfüllen und die für den Beruf erforderlichen Kompetenzen zu entwickeln, zu fördern bzw. zu deren Ausführung befähigt werden, damit sie die Chance erhalten, handlungskompetente Pflegekräfte zu werden. Weiterhin wird eruiert, ob die Auszubildenden mit Hilfe dieses Projektes eine optimale Vorbereitung auf ihre praktische Prüfung erfahren und die Praxisanleitung und Begleitung gefördert bzw. intensiviert wird.

Zur Beantwortung der Fragestellungen ist diese Arbeit in fünf Kapitel unterteilt. In dem ersten Kapitel werden die aktuellen Ausbildungsziele vorgestellt, die für die praktische Umsetzung des Projektes „SchülerInnen leiten eine Station" maßgeblich waren. Diese Vorstellung erfolgt durch die Beschreibung der Handlungskompetenz als übergreifendes Ziel beruflicher Bildung, durch eine Vorstellung ausgewählter Aspekte des neuen Krankenpflegegesetzes und eine Erläuterung der für den Beruf erforderlichen Kompetenzen, zu dessen Befähigung die Auszubildenden unterstützt und angeleitet werden müssen. Resultierend aus diesen Sachverhalten werden im letzen Abschnitt dieses Kapitels die Argumente und Anliegen aufgeführt, die für eine Durchführung dieses Projektes ausschlaggebend waren.

Die SchülerInnen waren von der Umsetzung einer Schulstation in die Pflegepraxis begeistert. Motiviert recherchierten sie im Internet und fanden heraus, dass bereits mehrere Krankenpflegeschulen ein derartiges Projekt erfolgreich umgesetzt hatten. Eine Auswahl dieser Projekte, einschließlich der jeweiligen Erfahrungen, wird im zweiten Kapitel dieser Arbeit vorgestellt. Den Abschluss dieses Kapitels bildet eine Darstellung von Vorüberlegungen und Festlegungen, die die Lehrenden der Krankenpflegeschule Herzberg, aufgrund der Erfahrungen anderer Schulen, mit in das Projekt einbezogen und von welchen sie eher Abstand hielten.

Im dritten Kapitel wird das Projekt „SchülerInnen leiten eine Station" der Krankenpflegeschule Herzberg beschrieben. Zu Beginn erfolgt eine Vorstellung der konkreten Projektplanung, die die Zielsetzungen sowie die organisatorische und die inhaltliche Planung beinhaltet. Weiterhin wird in diesem Kapitel die Projektvorbereitung erläutert und die Projektdurchführung dargestellt, die sowohl die positiven als auch die negativen Aspekte beinhaltet.

Nach der Projektbeschreibung erfolgt dessen Evaluation. Es wurde eine summative Evaluationsforschung durchgeführt, die zu Beginn des vierten Kapitels ihre Erklärung findet. Nachdem die Art der Auswertung erklärt wird, erfolgt die Darstellung der

Evaluationsfragen, die in Kategorien eingeteilt und mit Hilfe von Tabellen, die ausschließlich von mir selbst erstellt wurden, vorgestellt werden. Nachfolgend wird das methodische Vorgehen bei der Auswertung beschrieben, bevor die Ergebnisse dargestellt und interpretiert werden. Den Abschluss dieser Arbeit bildet im fünften Kapitel das Fazit.

1 Das Projekt „SchülerInnen leiten eine Station" vor dem Hintergrund aktueller Ausbildungsziele

Lange Zeit herrschte in der Gesellschaft die Vorstellung, dass für die Ausübung eines Pflegeberufes keine spezifischen Fähigkeiten und Fertigkeiten benötigt werden. Ein 'großes' Herz und ein freundlicher Charakter würden für die Ausübung dieses Berufes genügen. NIGHTINGALE stellte sich 1860 dieser Aussage und trug als erste Pflegetheoretikerin dazu bei, dass die Krankenpflege den Status eines erlernbaren sozialen Berufes in den angloamerikanischen Ländern erhielt[1] (vgl. Kaster 2001, S. 60). Seit dieser Zeit hat der Beruf eine Vielzahl von Veränderungen und gestiegenen Anforderungen erfahren. Der jüngste Wandel erfolgte 2004 mit dem Inkrafttreten des neuen Krankenpflegegesetzes.

Um zu verdeutlichen, welche Anforderungen in der heutigen Zeit an zukünftige Pflegekräfte gestellt werden, wird in diesem Kapitel zunächst die Handlungskompetenz als übergreifendes Bildungsziel erläutert, bevor im nächsten Abschnitt ausgesuchte Aspekte des neuen Krankenpflegegesetzes beschrieben werden. Ein Bestandteil dieser Gesetzgebung ist die Förderung von Kompetenzen bei den Auszubildenden, die im anschließenden Teil vorgestellt und erklärt werden.

Die Umsetzung der neuen Gesetzgebung stellt Krankenpflegeschulen vor konzeptionelle Herausforderungen, da ihre bisherigen Ausbildungspläne überdacht, eventuell verändert oder erweitert werden müssen. Die befristete Übernahme einer Pflegestation durch KrankenpflegeschülerInnen könnte eine Möglichkeit zur Umsetzung der bestehenden Vorgaben sein. Auf Grundlage dieser Überlegungen erfolgt im letzten Abschnitt dieses Kapitels eine Darstellung der Gründe, die dafür sprechen, diese Lernform in die Ausbildung zu integrieren sowie der positiven Effekte, die damit verbunden werden könnten.

---

[1] Das Nightingale-System verbreitete sich zu aller erst in den englischen Kolonien, in Amerika und in den skandinavischen Ländern. Lediglich in Deutschland fand ihr System keine Anerkennung und Verbreitung (vgl. Kaster 2001, S. 60).

1.1 Handlungskompetenz als übergreifendes Ziel beruflicher Bildung

Multimorbidität, ein Anstieg chronischer Erkrankungen, ein erhöhtes Bestreben der Integration der Angehörigen in die Pflege, innovative Technologien, fortwährend neue Erkenntnisse aus Pflegewissenschaft und Forschung, intensivste Bemühungen um eine individuelle, ressourcenorientierte Pflege und eine *„erhöhte Anforderung an Begleitung, Beratung und Unterstützung der Pflegebedürftigen"* (Sieger 2005, S. 4) nehmen einen erheblichen Einfluss auf den Berufsalltag von Pflegenden und fordern diese im zunehmenden Maße (vgl. Geppert 2005, S. 26).

Jeder Mensch benötigt Kompetenzen[2] und Fähigkeiten um den Anforderungen des Alltags gerecht werden und handlungsfähig sein zu können. GEPPERT beschreibt darüber hinaus, dass Kompetenz voraussetzt, *„[...] dass die Person Fähigkeiten und Fertigkeiten mitbringt, um auf jede bekannte und unbekannte Situation adäquat und professionell reagieren und die damit verbundenen Probleme eigenständig und eigenverantwortlich lösen zu können"* (2005, S. 27).

Der Handlungskompetenz kommt im Zusammenhang mit der Ausbildung von professionell Pflegenden eine besondere Bedeutung zu. Sie ist die Voraussetzung für berufliches Handeln und befähigt einen Menschen, die zunehmende Komplexität seiner beruflichen Umwelt zu begreifen und durch ziel- und selbstbewusstes, reflektiertes und verantwortliches Handeln zu gestalten (vgl. Geppert 2005, S. 28f.). Die Kultusministerkonferenz definiert die Handlungskompetenz *„[...] als die Bereitschaft und Fähigkeit des Einzelnen, sich in beruflichen, gesellschaftlichen und privaten Situationen sachgerecht durchdacht sowie individuell und sozial verantwortlich zu verhalten. Handlungskompetenz entfaltet sich in den Dimensionen von Fachkompetenz, Personalkompetenz und Sozialkompetenz"* (KMK 2000, S. 9). Weiterhin definiert die KMK, dass *„eine ausgewogene Fach-, Personal-, Sozialkompetenz [...] die Vorraussetzung für Methoden- und Lernkompetenz (ist)"* (ebd.).

Auch der Gesetzgeber hat erkannt, dass in der Pflegeausbildung die alleinige Vermittlung von Fachwissen nicht mehr ausreicht und dass nicht erwartet werden kann, dass jeder Auszubildende sämtliche, für die Ausübung des Berufes erforderlichen, Kompetenzen automatisch mitbringt. Aus diesem Grund wurde in dem neuen Krankenpflegegesetz,

---

[2] Der Begriff ´**Kompetenz**` stammt aus dem lateinischen und wird im Allgemeinen mit ´Befähigung`, ´Vermögen etwas zu tun` oder auch ´Zuständigkeit` und ´Befugnis` übersetzt (vgl. Heißenberg 2001, S. 88).

welches Am 01.01.2004 in Kraft getreten ist, unter anderem genau formuliert, welche Kompetenzen während der Ausbildung von den SchülerInnen erworben werden sollen, damit sie für ihren weiteren Lebensweg die nötige Handlungskompetenz vorweisen können. Der Erwerb der beruflichen Handlungskompetenz ist ein lebenslanger Prozess, der spätestens mit dem Eintritt in die Berufsausbildung beginnen muss. Aus diesem Grund sind Krankenpflegeschulen dazu verpflichtet, ihren Auszubildenden mit Beginn der Ausbildung handlungskompetentes Arbeiten zu vermitteln, damit diese den komplexen Aufgabenstellungen und sich verändernden Situationen im Berufsalltag gewachsen sind. In diesem Sinne sind für die Vermittlung von Wissen, Fertigkeiten und Fähigkeiten Lernformen zu wählen, die darauf ausgerichtet sind, die benötigte Handlungskompetenz bei den SchülerInnen zu entwickeln, bzw. zu fördern (vgl. Geppert 2005, S. 38).

1.2 Neue Anforderungen durch die Vorgaben des Krankenpflegegesetzes

Den Stellenausschreibungen von Unternehmen sind oft zu entnehmen, welche Anforderungen an zukünftige MitarbeiterInnen gestellt werden. ArbeitgeberInnen suchen MitarbeiterInnen, die in der Lage sind, auf die ihnen gestellten Anforderungen im beruflichen Alltag flexibel zu reagieren. Dabei sollen sie gleichzeitig mit Kollegen und Kunden kooperieren können, die wirtschaftlichen Anforderungen ihres Betriebes berücksichtigen, schwierige Aufgaben Erfolg versprechend lösen, freundlich und kompetent mit Kunden umgehen und sich zukunftsweisend fortbilden. ArbeitgeberInnen fordern somit, dass zukünftige MitarbeiterInnen die erforderliche Handlungskompetenz mitbringen, die für den entsprechenden Beruf nötig ist.

Diesem Anspruch haben die für die berufliche Ausbildung zuständigen Fachleute und Minister Rechnung getragen und 2003 ein neues Krankenpflegegesetz verabschiedet. Dieses Gesetz, welches am 01.01.2004 in Kraft getreten ist, beinhaltet viele neue Aspekte, die als Chance für die Profession der Pflege gewertet werden können. Durch dieses Gesetz hat nicht nur die Berufsbezeichnung von Pflegenden eine Veränderung erfahren, sondern auch der Aufbau und die Zielsetzung der Ausbildung zum/zur Gesundheits- und KrankenpflegerIn (vgl. KrPflG 2003).

In § 3 dieses Gesetzes ist als Ausbildungsziel formuliert, welche Kompetenzen in der Pflege ausgebildet werden sollen, damit die Auszubildenden handlungskompetent werden und somit das geforderte Ausbildungsziel erreichen.

„Die Ausbildung für Personen soll entsprechend dem allgemein anerkannten Stand pflegewissenschaftlicher, medizinischer und weiterer bezugswissenschaftlicher Erkenntnisse fachliche, personale, soziale und methodische Kompetenzen zur verantwortlichen Mitwirkung insbesondere bei der Heilung, Erkennung und Verhütung von Krankheiten vermitteln" (KrPflG 2003, § 3 Abs. 1 Satz 1).

Durch diese Forderung der Gesetzgebung entfernt sich die Ausbildung in der Krankenpflege ein Stück von früheren eher ´medizinlastigen` und auf Erfahrungswissen gründenden Ausbildungskonzepten (vgl. Schneider 2005, S. 395).

Auf Grundlage dieser Kompetenzförderung definiert der Gesetzgeber als weiteres Ausbildungsziel für den Beruf zur/zum Gesundheits- und KrankenpflegerIn, dass

„Die Ausbildung für die Pflege [...] insbesondere dazu befähigen soll,

1. die folgenden Aufgaben eigenverantwortlich auszuführen:

a) Erhebung und Festlegung des Pflegebedarfs, Planung, Organisation, Durchführung und Dokumentation der Pflege,

b) Evaluation der Pflege, Sicherung und Entwicklung der Qualität der Pflege,

c) Beratung, Anleitung und Unterstützung von zu pflegenden Menschen und ihrer Bezugspersonen und der individuellen Auseinandersetzung mit Gesundheit und Krankheit,

d) Einleitung lebenserhaltender Sofortmaßnahmen bis zum Eintreffen der Ärztin oder des Arztes,

2. die folgenden Aufgaben im Rahmen der Mitwirkung auszuführen:

a) eigenständige Durchführung ärztlich veranlasster Maßnahmen,

b) Maßnahmen der medizinischen Diagnostik, Therapie oder Rehabilitation,

c) Maßnahmen in Krisen- und Katastrophensituationen,

3. interdisziplinär mit anderen Berufsgruppen zusammenzuarbeiten und dabei multidisziplinäre und berufsübergreifende Lösungen von Gesundheitsproblemen zu entwickeln" (KrPflG 2003, § 3 Abs. 2).

Bei diesem Ausbildungsziel sind die Formulierungen ´eigenverantwortliches ausführen` und ´im Rahmen der Mitwirkung` von erheblicher Bedeutung. Diese Ziele können schließlich nur erreicht werden, wenn die SchülerInnen bereits während ihrer Ausbildung die Möglichkeit erhalten, Tätigkeiten dementsprechend auszuüben, um diese zu erlernen.

Parallel zum Ausbildungsziel regelt die aktuelle Fassung der Ausbildungs- und Prüfungsverordnung (KrPflAPrV) vom November 2003 die inhaltliche Gliederung der Prüfung in der Krankenpflegeausbildung. In § 15 dieser Verordnung sind der Ablauf und die Erfordernisse der praktischen Prüfung definiert. *„Der Prüfling übernimmt [...] alle anfallenden Aufgaben einer prozessorientierten Pflege einschließlich der Dokumentation und Übergabe. In einem Prüfungsgespräch hat der Prüfling sein Pflegehandeln zu erläutern und zu begründen sowie die Prüfungssituation zu reflektieren. Dabei hat er nachzuweisen, dass er in der Lage ist, die während der Ausbildung erworbenen Kompetenzen in der beruflichen Praxis anzuwenden sowie befähigt ist, die Aufgaben in der Gesundheits- und Krankenpflege [...] eigenverantwortlich auszuführen"* (KrPflAPrV 2003, §15 Abs. 1 Satz 2 – 4).

Um die Auszubildenden bei der Umsetzung der Anforderungen an die praktische Ausbildung und Prüfung zu unterstützen, müssen schulische und praktische Ausbildungsträger intensiver zusammenarbeiten.

Um dieser Zusammenarbeit Nachdruck zu verleihen, die Vernetzungsstrukturen zu fördern und eine Verbesserung der Qualität der Ausbildung herbeizuführen, hat der Gesetzgeber die Praxisanleitung und Begleitung von SchülerInnen gesetzlich sicher gestellt und in § 4 des Krankenpflegegesetzes dazu Folgendes formuliert: *„Die Gesamtverantwortung für die Organisation und Koordination des [...] Unterrichts und der praktischen Ausbildung entsprechend dem Ausbildungsziel trägt die Schule. Die Praxisanleitung ist durch die Einrichtungen [...] sicherzustellen"* (KrPflG 2003, § 4 Abs. 5 Satz 1 und 3). Diese Formulierung findet sich ebenfalls in § 2 der Ausbildungs- und Prüfungsverordnung wieder. *„Die Einrichtungen der praktischen Ausbildung stellen die Praxisanleitung der Schülerinnen und Schüler [...] durch geeignete Fachkräfte sicher"* (KrPflAPrV 2003, § 2 Abs. 2 Satz 1).

Die Aufgabe der Praxisanleitung[3] besteht darin, die SchülerInnen schrittweise an die eigenverantwortliche Wahrnehmung ihrer beruflichen Aufgaben heranzuführen, die Entwicklung der Kompetenzen zu fördern und die Verbindung mit der Schule zu

---

[3] Für die Ausübung der Praxisanleitung sind Personen geeignet, die nach erfolgreicher Beendigung ihrer Krankenpflegeausbildung über mindestens zwei Jahre Berufserfahrung sowie über eine berufspädagogische Zusatzqualifikation im Umfang von mindestens 200 Stunden verfügen (vgl. KrPflAPrV 2003, § 2 Abs. 2 Satz 4).

gewährleisten (vgl. KrPflAPrV 2003, § 2 Abs. 2 Satz 2.). Aber nicht nur die PraxisanleiterInnen müssen eine Verbindung mit der Krankenpflegeschule gewährleisten, ebenso muss die Schule mit entsprechender Praxisbegleitung eine Verbindung mit den Praxisorten herstellen. Um dieses sicherzustellen, hat der Gesetzgeber auch darauf reagiert und in § 2 der Ausbildungs- und Prüfungsverordnung formuliert, dass *„die Schulen [...] die Praxisbegleitung der Schülerinnen und Schüler in der Einrichtung der praktischen Ausbildung [...] sicher (stellen)"* (KrPflAPrV 2003, § 2 Abs. 3 Satz 1). Die Praxisbegleitung ist eine gesetzliche Pflicht der Schulen, durch die die Betreuung der SchülerInnen während ihrer praktischen Ausbildung in den Einrichtungen sichergestellt werden soll. Gleichzeitig wird dadurch die Beratung der PraxisanleiterInnen, in Bezug auf die Kompetenzförderung der Auszubildenden und die Umsetzung der Zielsetzung der Ausbildung, durch die zuständigen Lehrkräfte gewährleistet (vgl. KrPflAPrV 2003, § 2 Abs. 3 Satz 2).

Um die Ausbildungsziele und Vorgaben der Ausbildungs- und Prüfungsverordnung erfüllen zu können, ist es für Krankenpflegeschulen empfehlenswert, die eigene Struktur der Ausbildung zu überdenken und neue Wege einzuschlagen. Darüber hinaus ist es zwingend notwendig, die Auszubildenden bei der Entwicklung der erforderlichen Kompetenzen zu unterstützen, damit sie die Möglichkeit zum Erreichen des Ausbildungsziels bekommen und als handlungskompetente Pflegekräfte in die anschließende Berufspraxis ´entlassen` werden.

1.3 Kompetenzen in der Pflege

Laut dem neuen Krankenpflegegesetz von 2004 kommt der Förderung von Kompetenzen bei der Ausbildung von Pflegekräften eine besondere Bedeutung zu. Die Gesetzgebung bezieht sich dabei im Speziellen auf die Förderung der Fach-, Sozial-, Methoden- und Personalkompetenz (vgl. KrPflG 2003, § 3 Abs. 1 Satz 1), die die Grundlage für die Entwicklung der Handlungskompetenz sind (siehe Kapitel 1.1).

Um die entsprechenden Kompetenzen bei den Auszubildenden zu entwickeln und ihnen somit den Erwerb der Handlungskompetenz zu ermöglichen, ist es unumgänglich zu analysieren, welche genauen Aussagen mit dem jeweiligen Kompetenzbegriff verbunden sind. Aus diesem Grund werden in diesem Abschnitt die vier vom Krankenpflegegesetz formulierten Kompetenzbegriffe definiert und ihre Inhalte erläutert.

Die Kultusministerkonferenz (KMK) definiert die **Fachkompetenz** wie folgt: *„Fachkompetenz bezeichnet die Bereitschaft und Fähigkeit, auf der Grundlage fachlichen Wissens und Könnens Aufgaben und Probleme zielorientiert, sachgerecht, methodengeleitet und selbstständig zu lösen und das Ergebnis zu beurteilen"* (KMK 2000, S. 9). Hierzu gehört zum einen das berufsspezifische Fachwissen und zum anderen die Fähigkeit, pflegerische Handlungen und Arbeitsabläufe strukturiert, systematisch, durchdacht und sinnvoll, zeitlich korrekt und verzögerungsfrei aufeinander abzustimmen, zu planen und durchzuführen (vgl. Geppert 2005, S. 36). Weiterhin soll die Fachkompetenz die Auszubildenden dazu befähigen, Patienten in Krisensituationen zu begleiten und eine gesundheitserhaltende und gesundheitsfördernde Beratung und Anleitung durchzuführen. Außerdem sollen Auszubildende in der Lage sein, auf Veränderungen im Zustand des Patienten, im Pflegeprozess und bei Notfallsituationen adäquat zu reagieren. Darüber hinaus sollen professionell Pflegende manuell geschickt und sicher arbeiten, Materialien, Pflegeartikel und Hilfsmittel umweltbewusst und wirtschaftlich einsetzen und Wichtiges von Unwichtigem unterscheiden. Pflegerelevante Informationen müssen grammatikalisch und orthografisch korrekt weitergegeben und im Dokumentationssystem einwandfrei notiert werden. Auszubildende sollen selbstständig, eigenverantwortlich, zuverlässig und pflichtbewusst arbeiten und dabei eigene Ideen entwickeln und einbringen (vgl. ebd., S. 45).

Im Weiteren wird die **Sozialkompetenz** näher erläutert, die von der KMK wie folgt postuliert wird: Die *„Sozialkompetenz bezeichnet die Bereitschaft und Fähigkeit, soziale Beziehungen zu leben und zu gestalten, Zuwendungen und Spannungen zu erfassen, zu verstehen sowie sich mit anderen rational und verantwortungsbewusst auseinanderzusetzen und zu verständigen. Hierzu gehört insbesondere auch die Entwicklung sozialer Verantwortung und Solidarität"* (KMK 2000, S. 9).
Die Sozialkompetenz soll dazu befähigen, eine Bereitschaft und die Fähigkeit zu besitzen, *„die Welt der Klienten zu verstehen und aus ihrer Perspektive zu sehen"* (Müller Staub 1998, S. 29). Durch diese Kompetenz sollen die Pflegenden in der Lage sein, Gespräche und Diskussionen unter Wahrung des Ansehens des Gegenübers wertschätzend zu führen und somit empathische Fähigkeiten auf- und auszubauen (vgl. Klafki 1985, S. 23). Sie sollen ein Zusammengehörigkeitsgefühl im Team entwickeln, gemeinsame Ziele und Interessen verfolgen und füreinander einstehen. In einer Kleingruppe sollen die

Lernenden der Sache angemessen und entsprechend zusammenarbeiten. Durch die Entwicklung der Sozialkompetenz sollen die Auszubildenden in der Lage sein, Kritik adäquat anzubringen und entgegenzunehmen, Meinungsverschiedenheiten und Unstimmigkeiten so zu beheben (Konfliktfähigkeit), dass die Lösung für alle zufrieden stellend ist. Ferner sollen sie Umgangsformen und Benimmregeln kennen und diese situationsabhängig anwenden können. Des Weiteren gehört zu dieser Kompetenz auch eine entsprechende Argumentations- und Artikulationsfähigkeit, die dazu dienen soll, Geschehnisse sprachlich weiter zu tragen und professionell zu bearbeiten (vgl. Geppert 2005, S. 45f.).

Die **Personalkompetenz** wird vielfach auch als Human-, Selbst- oder Individualkompetenz bezeichnet. Die Kultusministerkonferenz bezeichnet diese Kompetenz als „[…] *die Bereitschaft und Fähigkeit, als individuelle Persönlichkeit die Entwicklungschancen, Anforderungen und Einschränkungen in Familie, Beruf und öffentlichem Leben zu klären, zu durchdenken und zu beurteilen, eigene Begabungen zu entfalten sowie Lebenspläne zu fassen und fortzuentwickeln. Sie umfasst personale Eigenschaften wie Selbstständigkeit, Kritikfähigkeit, Selbstvertrauen, Zuverlässigkeit, Verantwortungs- und Pflichtbewusstsein. Zu ihr gehören insbesondere auch die Entwicklung durchdachter Wertvorstellungen und die selbstbestimmte Bindung an Werte"* (KMK 2000, S. 9).

Das Ziel dieser Kompetenzförderung ist, die Auszubildenden bezüglich der sie erwartenden Belastungen persönlich zu stärken, wozu auch der professionelle Umgang mit Nähe und Distanz zum Klientel gehört (vgl. Oelke/Menke 2002, S. 20). Weiterhin beinhaltet die Personalkompetenz die Bereitschaft und die Fähigkeit eines Menschen, als ein Individuum die möglichen Entwicklungschancen, Anforderungen, Einschränkungen und Zumutungen, die an ihn gestellt werden zu reflektieren und zu beurteilen. Dadurch ist er in der Lage, eigene Begabungen zu entfalten sowie Lebenspläne zu fassen und fortzuentwickeln. Außerdem befähigt diese Kompetenz einen Menschen dazu, eigene Schwächen und Stärken sowie die von anderen Personen wahrzunehmen, zu akzeptieren und durch Fort- und Weiterbildung positiv zu beeinflussen (vgl. Geppert 2005, S. 36). Durch die Personalkompetenz ist ein professionell Pflegender eher in der Lage, mit Stress und Belastungssituationen gesundheitserhaltend umzugehen und sie zu bewältigen. Darüber hinaus besitzt dieser die Fähigkeit, Entscheidungen und pflegerelevante

Handlungen zu reflektieren, die Pflegesituationen sicher zu gestalten (vgl. Geppert 2005, S. 46) und *„für Veränderungen und Neuerungen offen zu sein"* (Juchli 1997, S. 57).

Abschließend wird die **methodische Kompetenzförderung** erläutert. Die KMK postuliert dazu, dass *„eine ausgewogene Fach-, Personal-, Sozialkompetenz die Voraussetzung für Methoden- und Lernkompetenz"* (KMK 2000, S. 9) ist. In diesem Zusammenhang definiert SCHNEIDER die methodische Kompetenzentwicklung wie folgt: *„Die Methodenkompetenz zeichnet sich dadurch aus, dass der Mensch instrumentell selbstorganisiert handelt und damit auch bestimmte Aufgaben- und Problemstellungen durch geistiges Vorwegdenken lösen kann"* (2005, S. 92). Folglich soll der Erwerb der Methodenkompetenz die Pflegenden dazu befähigen, selbstständig Lösungswege für komplexe Aufgaben zu finden, sie anzuwenden und zu reflektieren. Dabei sollen die erlernten Denkmethoden oder Lösungsstrategien zielgerichtet und planmäßig angewandt und weiterentwickelt werden (vgl. Muster-Wäbs/Schneider 1999, S. 22). Des Weiteren soll diese Kompetenz die Auszubildenden dazu befähigen eine Bereitschaft und Fähigkeit zu entwickeln, die ihnen die Möglichkeit gibt, sich mit Sinnfragen auseinander zu setzen und eine kulturelle und ethische Aufgeschlossenheit an den Tag zu legen (vgl. Sturm 2002, S. 2). Die Methodenkompetenz umfasst unter anderem auch das Erstellen von Arbeitsplänen und einen sicheren Umgang mit Strategien des Konfliktmanagements (vgl. Geppert 2005, S. 37).

Um die Auszubildenden bei der Kompetenzerwerbung zu unterstützen, ist es von erheblichem Vorteil, die eigene Struktur der theoretischen und praktischen Ausbildung zu überdenken und sie den Forderungen der neuen Gesetzgebung anzupassen. Bezüglich dieser Grundlage suchen Krankenpflegeschulen nach neuen Möglichkeiten und Lernformen, die diesem Anspruch gerecht werden.

1.4 Die Schulstation als neue Lernform vor dem Hintergrund aktueller Ausbildungsziele

Im Zusammenhang mit einer Unterrichtsstunde am 06. April 2006, in der die SchülerInnen ihre Ausbildung nach 1 ½ Jahren, sprich nach der Hälfte der Zeit, schriftlich reflektieren und beurteilen sollten, wurde deutlich, dass sie über erhebliches theoretischen Wissens verfügten, dieses aber nicht vollständig in der Praxis anwenden konnten. In der Praxis ist häufig festzustellen, dass die Auszubildenden dicht am Patientenbett stehen, jedoch von dem ganzen Stationsablauf, zum Beispiel Durchführung und Ausarbeitung von Visiten, Vor- und Nachbereitung von Untersuchungen, Aufnahme und Entlassungen von Patienten, nicht viel mitbekommen.

Das Ziel der Ausbildung besteht darin, dass die SchülerInnen sich kontinuierlich weiterentwickeln und nicht auf einer Stelle stehen bleiben. Für angehende Pflegekräfte ist es wichtig, Patienten ganzheitlich betreuen zu können und somit auch organisatorische Aufgaben zu bewältigen, so wie es als Ausbildungsziel im Krankenpflegegesetz formuliert ist. Aus diesem Grund ist es für die Lernenden von erheblicher Bedeutung, bis zum Ende ihrer Ausbildung in alle Bereiche einer Station einen Einblick bekommen zu haben, um den Anforderungen des beruflichen Alltags nach dem Examen gewachsen zu sein.

Die SchülerInnen stellten weiterhin fest, dass sie die in § 3 formulierten Ausbildungsziele (vgl. KrPflG 2003, § 3) und die in der Ausbildungs- und Prüfungsverordnung festgelegte Forderung, alle anfallenden Aufgaben einer prozessorientierten Pflege einschließlich der Dokumentation und Übergabe (vgl. KrPflAPrV 2003, § 15 Abs. 1 Satz 2) durch die bisher in der Praxis gelernten und ausgeführten Tätigkeiten nur unzureichend erfüllen konnten. Ihnen wurde bewusst, dass sie im Zuge der Einsparung von Pflegepersonal und dem daraus resultierenden Zeitmangel hauptsächlich nur zur Ausübung von bestimmten Pflegetätigkeiten ´geschickt` wurden. Viele, für die Lernenden notwendigen Informationen und Tätigkeiten, liefen im Hintergrund der eigentlichen Pflegetätigkeiten, von dem die Auszubildenden zwar viel erahnen und aus dem theoretischen Unterricht ableiten konnten, aber kein konkretes eigenes Handeln erlebten. Die SchülerInnen erhielten selten die Möglichkeit eigenverantwortlich zu Arbeiten, sondern bekamen Aufgaben zugeteilt. Gerade nachdem Patienten ganzheitlich betreut werden sollen, ist dieses ein großes Defizit.

Der Begriff der Ganzheitlichkeit wird in der Fachliteratur immer häufiger verwendet, allerdings erscheint der Transfer dieser Ganzheitlichkeit von der Ebene des Wortes zur Umsetzung in die Praxis noch weit entfernt, was unter anderem auf die Rahmenbedingungen in den Einrichtungen zurückzuführen ist (vgl. Schewior-Popp 2005, S. 39f.).

Dieses Missverhältnis fiel auch den Lehrkräften in der Krankenpflegeschule auf und es wurde bereits seit Längerem nach einer Möglichkeit gesucht, diesem entgegenzuwirken. Weiterhin bestand das Bestreben auch darin, die vom Gesetz geforderte Praxisanleitung und Begleitung zu intensivieren, um die Vernetzung zwischen den praktischen Einrichtungen und der Schule weiter zu fördern (siehe Kapitel 1.2).

Aufgrund der neuen Gesetzgebung hat bereits die theoretische Wissensvermittlung an der Krankenpflegeschule Herzberg in Richtung des handlungsorientierten Unterrichts eine Änderung erfahren. Das Prinzip der Handlungsorientierung wird im Rahmen berufspädagogischer und pflegepädagogischer Diskussionen *„[...] als Erfolg versprechende Antwort auf die komplexen Herausforderungen einer sich dynamisch veränderten Berufs- und Arbeitswelt"* (Keuchel 2002, S. 59) gesehen. Handlungsorientierung im Unterricht *„[...] bezieht sich auf das Handeln als tätigem Umgang mit Gegenständen, Handeln in sozialen Rollen und Handeln auf symbolisch, geistiger Ebene"* (Gudjons 2001, S. 68) und soll dazu beitragen, den umfassenden Anforderungen und Zielsetzungen der Pflegeausbildung zu entsprechen. Nach SCHEWIOR-POPP zeigt sich Handlungsorientierung als ein Prinzip der pflegeberuflichen Bildung, in der Orientierung am Handeln im zukünftigen Berufsfeld und durch das Sehen der Lernenden als bewusst und reflektiert handelnde Subjekte. Bereits vorhandene Fähigkeiten und Kompetenzen zu erkennen, weiterzuentwickeln und durch für den Beruf zu erwerbende Fähigkeiten und Kompetenzen zu ergänzen, sollte als Ziel der Ausbildung gesehen werden (vgl. 1998, S. 8). Die SchülerInnen lernen Denken und Handeln aufeinander zu beziehen und damit vielschichtige Zusammenhänge zu erfassen und ihre Eigenständigkeit zu fördern. Weiterhin werden sie in die Planung und Durchführung von Unterricht einbezogen (vgl. Meyer 1987, S.402).

Das Ziel war nun, nicht nur den theoretischen Unterricht sondern auch die praktische Ausbildung den Anforderungen der neuen Gesetzgebung anzupassen, die Theorie mit der Praxis zu verknüpfen und somit den theoretischen und praktischen Unterricht sowie die praktische Ausbildung aufeinander abzustimmen (vgl. Wittneben 1994, S. 24).

Das Bestreben der Lehrkräfte der Krankenpflegeschule Herzberg beinhaltete mehrere Aspekte. Das Hauptanliegen bestand darin, die Anforderungen des neuen Krankenpflegegesetzes erfüllen zu können und die für die Ausübung des Berufes erforderlichen Kompetenzen bei den SchülerInnen zu entwickeln, zu fördern bzw. zu festigen. Außerdem sollten die Auszubildenden optimal auf die praktische Prüfung vorbereitet werden. Darüber hinaus wollten die Lehrenden der Schule die beschriebenen Missstände in der Praxis minimieren, intensiver mit den Ausbildungsstationen zusammenarbeiten und eine Optimierung der Praxisbegleitung und Anleitung erreichen.

Grundlage für die diesbezüglichen Überlegungen stellte dabei ein Artikel von RÖSCH dar, der die Thematik 'Lernwerkstatt Schulstation' beinhaltete (vgl. Rösch 2002, S. 3-6). Bei diesem Konzept, welches im nächsten Kapitel beschrieben und erklärt wird, stellte sich heraus, dass mit dessen Umsetzung sowohl den Anforderungen des Gesetzes als auch den Bestrebungen und Wünschen der SchülerInnen und LehrerInnen Rechnung getragen werden könnten.

Wie aus der Abbildung auf der nachfolgenden Seite zu ersehen, führten die Lehrkräfte und PraxisanleiterInnen der Krankenpflegeschule der Kliniken Herzberg und Osterode GmbH bis zu diesem Zeitpunkt bereits eine Vielzahl an praktischer Begleitung und Anleitung während der Ausbildung durch. Es bestand nun die Überlegung mit der Umsetzung des Projektes „SchülerInnen leiten eine Station" einen Abschluss der praktischen Ausbildung zu bilden, um das Erreichen, der für den Beruf geforderten Ausbildungsziele zu gewährleisten, die

Qualität der Ausbildung zu steigern und die SchülerInnen optimal auf ihr Examen und den daran anschließenden beruflichen Alltag vorzubereiten.

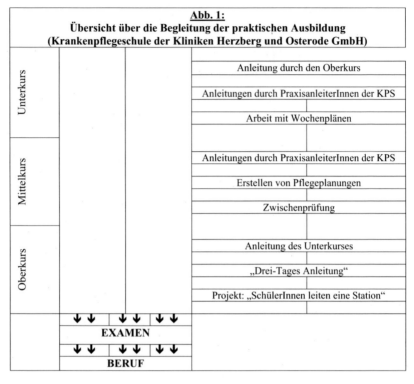

Abb. 1:
Übersicht über die Begleitung der praktischen Ausbildung
(Krankenpflegeschule der Kliniken Herzberg und Osterode GmbH)

Unterkurs		Anleitung durch den Oberkurs
		Anleitungen durch PraxisanleiterInnen der KPS
		Arbeit mit Wochenplänen
Mittelkurs		Anleitungen durch PraxisanleiterInnen der KPS
		Erstellen von Pflegeplanungen
		Zwischenprüfung
Oberkurs		Anleitung des Unterkurses
		„Drei-Tages Anleitung"
		Projekt: „SchülerInnen leiten eine Station"

EXAMEN

BERUF

Um die Auszubildenden ganz im Sinne des handlungsorientierten Unterrichts mit in die Überlegungen zu integrieren, wurde ihnen zum damaligen Zeitpunkt die Frage gestellt, wie, wenn sie die Möglichkeit hätten in aller Konsequenz eine Station zu führen, sie sich diese vorstellen würden. Die Auszubildenden waren von der Vorstellung begeistert und fingen an, sich in ihrer Freizeit in die Thematik einzuarbeiten, ohne dass sie ahnen konnten, dass dieses Projekt in die Praxis umgesetzt werden würde. Motiviert recherchierten sie im Internet und fanden heraus, dass schon mehrere Krankenpflegeschulen ein derartiges Projekt erfolgreich umgesetzt hatten. Eine Auswahl dieser Projekte sowie deren positive und negative Erfahrungen werden im nachfolgenden Kapitel vorgestellt. Daraus resultierend, dass bereits andere Schulen ein derartiges Projekt umgesetzt haben, entstand der Anspruch, das Vorhaben der Durchführung einer Schulstation nicht nur theoretisch zu planen, sondern auch praktisch umzusetzen.

2 Bestandsaufnahme bereits durchgeführter Projekte zum Thema „SchülerInnen leiten eine Station"

Die Idee zur Umsetzung einer Schulstation geht auf die Jugend- und Auszubildendenvertretung des Universitätsklinikums Benjamin Franklin in Berlin aus dem Jahre 1996 zurück. Die damaligen Auszubildenden strebten eine Reform ihrer praktischen Ausbildung an (vgl. Rösch/Schwaiger 2002, S. 266).

In diesem Kapitel wird sowohl das Konzept dieses Pilotprojektes vorgestellt, als auch eine Auswahl von nachfolgend durchgeführten Projekten beschrieben. Das Ziel dieser Vorstellung besteht darin, einen Überblick über derartige bereits durchgeführte Projekte zu geben, um im letzen Abschnitt dieses Kapitels hervorzuheben, welche Kriterien und aus welchem Grund diese für die Umsetzung eines derartigen Projektes an der Krankenpflegeschule Herzberg übernommen wurden und von welchen eher Abstand gehalten wurde.

2.1 Lernwerkstadt „Schulstation" – ein Projekt der Krankenpflegeschule des Universitätsklinikums Benjamin Franklin in Berlin

Im März 1997 startete das Pilotprojekt, das von externen Beobachtern[4] und internen Prozessberatern begleitet, beobachtet und ausgewertet wurde.

Die Auszubildenden des sechsten Semesters und vier bis sechs Medizinstudenten übernahmen fünf Wochen lang weitgehend selbstständig und eigenverantwortlich die Pflege der Patienten auf einer Station. Das examinierte Personal der Station erfüllte dabei die Kontroll- und Anleitungsfunktion sowie den Part des Ansprechpartners.

Die Zielsetzung des Projektes bestand darin, die Fähigkeit zu entwickeln, eigenverantwortlich und selbstständig arbeiten zu können, um auf diese Weise eine gute Voraussetzung für den beruflichen Alltag nach dem Examen zu schaffen. Ein weiteres Anliegen war die Kommunikation und Kooperation mit der eigenen und den anderen Berufsgruppen zu verbessern sowie das Erarbeiten und Erwerben der fachlichen Kompetenz im Kontext der Station und der Vorbereitung auf das Examen.

Ein halbes Jahr vor Projektbeginn wurde im Lehrerkollegium der Krankenpflegeschule die Absprache getroffen, wer welche Rolle bei der Umsetzung der Schulstation einnahm.

---

[4] Vertreter anderer Schulen und einer Senatsmitarbeiterin

Außerdem erfolgte die Information an die Auszubildenden, die Absprache mit der entsprechenden Station und der Aushang bzw. der Verweis im Vorlesungsverzeichnis der Studenten. Das Einverständnis der ärztlichen Leitung und der Pflegedirektion lag vier Monate vor Projektbeginn vor.

Es wurden drei Arbeitsgruppen gebildet, die drei Monate vor Beginn des Projektes ihre Arbeit aufnahmen. Diese Arbeitsgruppen waren die 'AG Schulstation', die das Ziel verfolgte, Wünsche und Ideen aller Projektteilnehmer bei der Gesamtplanung zu berücksichtigen. Dazu gehörten die Vorbereitung der Stationsstruktur, die organisatorische und inhaltliche Planung der theoretischen Einführungswoche, Absprachen zum Dienstplan, Einteilung der Studenten und die Themenfestlegung für stationsinterne Fortbildungen zu relevanten Themen der Schulstation. Die 'AG Dienstplangestaltung' war verantwortlich einen Dienstplan für alle betreffenden Auszubildenden für einen Zeitraum von fünf Wochen zu erstellen, der vier Wochen vor Projektbeginn vorliegen musste. Die Überprüfung der auf der Station vorhandenen Pflegerichtlinien und Standards übernahm die 'AG Pflegepersonal'. Weiterhin wurden von dieser AG die Rolle und die Verantwortung des Pflegepersonals diskutiert und konkrete Inhalte für die theoretische Vorbereitungswoche festgelegt.

Das Projekt begann mit der bereits erwähnten theoretischen Vorbereitungswoche, die den Auszubildenden eine Vorbereitung auf das Stationsgeschehen sowohl in der Praxis als auch in der Theorie ermöglichte. Im Anschluss an diese Woche erfolgte der fünfwöchige Praxiseinsatz auf der ausgewählten Station, bei dem die Leitung der Krankenpflegeschule während des gesamten Projektzeitraumes die Koordination des Einsatzes übernahm. Nach jeder Woche erfolgte eine Feedbackrunde, die dazu genutzt wurde, aufgetretene Probleme und Konflikte im Team offen anzusprechen und in geeigneter Form nach Lösungsmöglichkeiten zu suchen.

Die Reflexion der SchülerInnen und auch der Patienten war insgesamt sehr positiv, sodass sich das Projekt bewährt hat und es trotz sich weiterhin reduzierender Personalressourcen nicht mehr aus der Ausbildung wegzudenken ist (vgl. hierzu insgesamt Rösch/Schwaiger 2002, S. 266-272; Rösch 2002, S. 3-6).

Neben einem Aufsatz, der in dem Buch „Auf dem Weg zu einer neuen Lernkultur: Wissenstransfer in der Pflege" veröffentlicht wurde, ist ein Artikel zu diesem Projekt im Mai 2002 in der Fachzeitschrift „Unterricht Pflege" (vgl. Rösch 2002, S. 3-6) erschienen.

Dieser Artikel war und ist bis heute Ausgangspunkt für weitere derartige Projekte, die an anderen Krankenpflegeschulen durchgeführt wurden und werden.

2.2 Projekt „Schulstation" der Evangelischen Krankenpflegeschule am Krankenhaus des Evangelischen Diakoniewerkes Königin Elisabeth in Berlin Lichtenberg

Vom 12. bis zum 25. Juni 1999 führte die Krankenpflegeschule am Krankenhaus des Evangelischen Diakoniewerkes Königin Elisabeth in Berlin Lichtenberg das Projekt „Schulstation" durch. Im Rahmen ihrer dreijährigen Ausbildung zur/zum Krankenschwester/pfleger übernahm der Oberkurs eine allgemeinchirurgische Station. Acht Monate vor Durchführung des Projektes begann die Vorbereitungsphase mit allgemeinen Absprachen im Lehrerkollegium.

Zu Beginn wurde das Einverständnis der betroffenen Station, der diagnostischen und therapeutischen Bereiche, der Pflegedienstleitung und vom ärztlichen Bereich eingeholt, bevor der theoretische Unterricht[5] mit der entsprechenden Vorbereitung begann. Weiterhin entwarfen die SchülerInnen Informationsplakate für die Patienten und deren Angehörige, auf denen sie sich mit einem Foto vorstellten und Informationsbögen, auf denen die Patienten ihre Bereitschaft zu diesem Projekt erklärten.

Der nächste Schritt war die Entwicklung von Fragebögen, in denen die Patienten vor der Entlassung aus dem Krankenhaus ihrer Zufriedenheit oder Unzufriedenheit Ausdruck verleihen konnten. Die Dienstplangestaltung für den Zeitraum des Projektes wurde von den Schülern eigenverantwortlich durchgeführt.

Um sechs Uhr morgens begann das Projekt mit der eigenverantwortlichen Übernahme der Station. Die Patientenbetreuung erfolgte im Zimmerpflegesystem[6], als Stationsleitungen fungierten zwei leistungsstarke Schülerinnen, die auch Koordinatorinnen genannt wurden. Zu ihren Aufgaben gehörte die Organisation des Stationsablaufes, das Bringen und Holen

---

[5] Inhalt dieses Unterrichts war die Wiederholung spezieller chirurgischer Krankheitsbilder, spezielle prä- und postoperative Pflegetechniken sowie das Einüben von Notfallmaßnahmen (vgl. Brühl u. a. 2000, S. 14f.).

[6] Im Rahmen der Zimmerpflege wird die Verantwortung für eine bestimmte Anzahl von Patienten in einem oder mehreren Zimmern einer Pflegeeinheit von jeweils einer Pflegeperson übernommen (vgl. Hammer 2001, S. 239).

der Patienten von Untersuchungen, das Besorgen von Befunden, der Telefondienst, der Empfang neuer Patienten und die Begleitung der Ärzte zur Visite.

Zur rechtlichen Absicherung agierten im Hintergrund zwei examinierte Krankenschwestern der Station, eine Medizinpädagogin und zwei Praxisanleiter, sodass zu jeder Zeit jemand für die SchülerInnen als Ansprechpartner zur Verfügung stand. Traten während des Projektes Probleme auf, wurden diese durch die gute Teamfähigkeit der SchülerInnen schnell gelöst. Leistungsschwächere Auszubildende wurden von Leistungsstärkeren unterstützt und auf Versäumnisse und Fehler wiesen sich die Lernenden gegenseitig hin. Die Pflege der Patienten bereitete den Schülern keine Schwierigkeiten, lediglich mit der Kommunikation im Team hatten einige SchülerInnen zeitweise Probleme.

Nach Abschluss des Projektes führten alle Beteiligten ein Auswertungsgespräch durch, bei dem sowohl positive und negative Erfahrungen als auch Verbesserungsvorschläge für die Zukunft zusammengetragen wurden.

Die Auswertung der Patientenfragebögen ergab ausschließlich eine positive Resonanz. Als weiteres Ergebnis des Projektes wurde deutlich, dass sich die Durchführung als optimale Examensvorbereitung und als Steigerung des Selbstvertrauens der SchülerInnen eignete. Der Kurs konnte auf gute bis sehr gute Examensergebnisse stolz sein. Allen Beteiligten hat dieses Projekt sehr viel Freude gemacht und auch das Lehrpersonal lernte einiges dazu (vgl. hierzu insgesamt Brühl u. a. 2000, S. 14f.).

2.3 Projekt „Stationsübernahme" der Krankenpflegeschule am Klinikum Salzgitter

Im dritten Ausbildungsjahr stellten die SchülerInnen des Oberkurses der Krankenpflegeschule am Klinikum Salzgitter fest, dass sie über enorm viel theoretisches Wissen verfügten, dieses aber nur zögerlich in der Praxis umsetzen konnten. Aus diesem Grund kamen die Auszubildenden zusammen mit ihrer Kursleitung auf die Idee, für zwei Wochen eine interne Station mit 35 Betten zu übernehmen. Der Zeitpunkt der Durchführung wurde auf die Zeit nach dem praktischen und theoretischen Examen, kurz vor Ausbildungsende, gelegt.

Das Ziel des Projektes bestand darin, für das weitere Berufsleben die notwendige Selbstständigkeit zu erreichen und Verantwortung zu übernehmen. Zu Beginn der

Projektplanung wurden Rahmenbedingungen aufgestellt. Außerdem wurde das Stationspersonal der entsprechenden Station im Vorfeld eingeladen, um diesen das Projekt näher zu bringen und wichtige Punkte zu besprechen. Weiterhin wurde den SchülerInnen die Möglichkeit eingeräumt, sich einen Stationsüberblick vor Ort und mit Hilfe des Pflegepersonals zu verschaffen.

Um eine reibungslose Umsetzung des Projektes zu erreichen, wurden als Eckdaten zum einen vorgegeben, dass in jeder Schicht eine Lehrkraft für Pflegeberufe bzw. die Stationsleitung oder deren Stellvertretung anwesend sein musste. Zum anderen wurde festgelegt, dass immer zwei Auszubildende den Nachtdienst abdecken sollten.

Durch die Umsetzung des Projektes bekamen die SchülerInnen die Gelegenheit, ihr Wissen in einem geschützten Rahmen der Ausbildung unter Beweis zu stellen, eine gute Vorbereitung für das Berufsleben zu erlangen und das theoretisch erlernte Pflegewissen in der Praxis anzuwenden. Weiterhin wurden die Inhalte des § 4 des Krankenpflegegesetzes von 1985 (vgl. KrPflG 1985) erfüllt. Zusätzlich konnten die Auszubildenden die Grenze ihrer eigenen Belastbarkeit feststellen.

Zu Beginn des Projektes hatten die SchülerInnen mit einigen Problemen zu kämpfen. Es standen keine ausreichenden Arbeitsmaterialien zur Verfügung und durch eine erhebliche Anzahl an Schwerstpflegebedürftigen mussten sehr viele Patienten 'umgeschoben' und in andere Zuständigkeitsbereiche verlegt werden. Diese und auch andere Problematiken wurden durch Teamgeist und gute Kommunikation untereinander sowie durch die Umsetzung der Kenntnisse aus der Theorie in die Praxis behoben.

Weiterhin wurden die Ideen der Auszubildenden vom Stationspersonal nicht immer anerkannt, bei Übernahme der Station schon im Vorfeld belächelt und von ärztlicher Seite nicht ernst genommen. In der zweiten Woche trat eine Besserung dieses Zustandes ein, was vor allem dem positiven Feedback der Patienten zu verdanken war. Dieses Feedback führte auch dazu, dass bei SchülerInnen mit verminderter Belastbarkeit wieder eine erhöhte Motivation erreicht wurde.

Nach Durchführung dieses Projektes waren sich die Auszubildenden einig, dass dieses Projekt unbedingt Nachahmer finden müsse und problemlos auch an anderen Schulen durchgeführt werden könne. Zielsetzung und Rahmenbedingungen sollten einstimmig im Kurs beschlossen, die Erwartungshaltung des Kurses einheitlich sein und alle am Projekt Beteiligten sollten sich für dieses aussprechen und maßgeblich an der Vorbereitung, Planung und Ausführung beteiligt sein (vgl. hierzu insgesamt Hartmann 2003, S. 64).

2.4 Projekt der Krankenpflegeschule des Kreiskrankenhauses Frankenberg in Hessen

17 SchülerInnen des dritten Ausbildungsjahres der Krankenpflegeschule des Kreiskrankenhauses Frankenberg in Hessen übernahmen von Montag bis Freitag eine chirurgische Abteilung des Krankenhauses.

Die Idee zu diesem Projekt entwickelte ein examinierter Krankenpfleger, von der die Auszubildenden sofort begeistert waren. Weiterhin erhoben weder die LehrerInnen der Krankenpflegeschule noch die Chefärzte oder die Pflegedienstleitung Bedenken gegen dieses Projekt, so dass die Vorbereitung ohne größere Schwierigkeiten begann.

Ein halbes Jahr vor Durchführung des Projektes wurden Arbeitsgruppen gebildet und die entsprechenden Aufgaben verteilt. Eine Gruppe war für die Pflegepraxis zuständig. Zu ihrer Aufgabe gehörte es, Fragezettel zu verteilen, um zu erfahren, welcher Auszubildende bei welcher Pflegetätigkeit noch unsicher war. An einem terminierten Pflegetag wurden diese Tätigkeiten[7] intensiv geübt. Weiterhin wurde von den Auszubildenden ein Stufenplan erstellt, in dem klar definiert wurde, wann bzw. bei welchen Begebenheiten die Mentoren bei der Durchführung des Projektes eingreifen sollten. Die zweite Arbeitsgruppe war für die Organisation des Projektes zuständig. Sie kümmerte sich um den Umgang mit Materialien und Medikamenten. Die dritte Gruppe fühlte sich für die zwischenmenschlichen Beziehungen und die Öffentlichkeitsarbeit zuständig. Sie erstellten Informationsbroschüren für Patienten und Ärzte und formulierten Verhaltensregeln für die Auszubildenden.

Zur Sicherheit der Patienten und der Auszubildenden waren in jeder Schicht kontinuierlich eine Lehrkraft aus der Schule und ein/eine PraxisanleiterIn anwesend.

Die Durchführung des Projektes verlief bis auf Kleinigkeiten und interne Diskussionen problemlos und sollte unbedingt wiederholt werden.

Festgestellt wurde weiterhin, dass die SchülerInnen während des theoretischen Unterrichts bisher noch nie so begeistert waren, wie bei der Planung dieses Projektes. Sie waren gewissenhaft, bemüht und haben gleichzeitig ihre Eigenständigkeit bewahrt (vgl. für den gesamten Abschnitt Berufsgenossenschaft für Gesundheitsdienst und Wohlfahrtspflege 2006, S. 4f.).

---

[7] Zu diesen Tätigkeiten gehörten zum Beispiel das Katheterlegen, das Messen des Venendrucks, das Beachten von Hygienevorschriften und die Mobilisation von Patienten (vgl. Berufsgenossenschaft für Gesundheitsdienst und Wohlfahrtspflege 2006, S. 4f.).

2.5 Zusammenfassung: Impulse für ein neues Projekt „SchülerInnen leiten eine Station"

Durch Erfahrungen, die andere Krankenpflegeschulen bei der Umsetzung eines derartigen Projektes gemacht und in Fachzeitschriften veröffentlicht haben, bekamen die Lernenden und Lehrenden der Krankenpflegeschule der Kliniken Herzberg und Osterode GmbH bereits im Vorfeld die Möglichkeit, diese mit in ihre Überlegungen einzubeziehen. Da dieses Projekt zum ersten Mal an dieser Schule durchgeführt werden sollte, waren sich alle Beteiligten einig, für die Vorbereitung einen längeren Zeitraum in Anspruch zu nehmen. Bei den in diesem Kapitel beschriebenen Projekten bestand ein zeitlicher Vorbereitungszeitraum von sechs bis acht Monaten. Um Sicherheit über ausreichende zeitliche Ressourcen zu haben, wurde beschlossen, den Zeitraum von acht Monaten für die Projektvorbereitung zu wählen. Das damit verbundene Ziel der Lehrkräfte bestand darin, in diesem Zeitraum mit den SchülerInnen zusammen die Planung und Vorbereitung im Sinne eines handlungsorientierten Unterrichts zu gestalten und nicht wie im Pilotprojekt eine gesonderte Vorbereitungswoche durchzuführen.

Vor große Herausforderungen stellte das Lehrerkollegium die Überlegung, welcher Zeitrahmen und welcher Zeitpunkt für die Durchführung des Projektes festgelegt werden sollte. Im Pilotprojekt wurde ein Zeitrahmen von fünf Wochen gewählt, der dem Lehrerkollegium der Krankenpflegeschule der Kliniken Herzberg und Osterode GmbH für die erste Durchführung zu lang erschien. Fünf Tage hingegen, so wie es die Krankenpflegeschule in Hessen durchführte, empfanden die Lehrenden wiederum zu kurz, um die mit dem Projekt verbundenen Zielsetzungen umzusetzen. Aus diesem Grund entschieden sich die Beteiligten, wie die Mehrzahl der Schulen, dieses Projekt bereits durchgeführt hatten, für einen Durchführungszeitraum von zwei Wochen.

Die Krankenpflegeschule am Klinikum Salzgitter legte für die Durchführung ihres Projektes den Zeitpunkt nach dem praktischen und theoretischen Examen, kurz vor Ausbildungsende, fest. Dieser Zeitpunkt war für die Ausbildung in der Krankenpflegeschule Herzberg nicht umsetzbar. Einerseits hat sich mit dem neuen Krankenpflegegesetz unter anderem der zeitliche Rahmen der Examensprüfungen geändert, nach dem die Auszubildenden erst in der letzen Woche der Ausbildung ihre mündliche Prüfung absolvieren. Andererseits bestand ein Ziel des Projektes darin, die SchülerInnen optimal auf diese Examensprüfungen vorzubereiten. Die Auszubildenden sollten dieses Projekt im dritten Ausbildungsjahr vor ihren Examensprüfungen durchführen, damit es zu keiner Doppelbelastung für die Lernenden mit Projekt- und Examensvorbereitungen kommen konnte. Nach Absprache mit dem gesamten Lehrerteam und den betroffenen SchülerInnen wurde der Zeitpunkt der Projektdurchführung auf Anfang März 2007 festgelegt. Zu diesem Termin verfügten die Lernenden über ausreichende Kenntnisse in Krankheitslehre und hatten genügend zeitlichen Abstand zu den ersten Examensprüfungen, die Mitte Juli beginnen sollten.

Sehr hilfreich wurde der Ratschlag empfunden, für die Phase der Vorbereitung, Arbeitsgruppen zu bilden, in denen sowohl jeder Auszubildende des betreffenden Kurses als auch das gesamte Lehrerteam integriert sein sollten. In den bereits durchgeführten Projekten war jeweils eine Arbeitsgruppe mit der eigenständigen Erstellung eines Dienstplanes befasst, was einstimmig in das Konzept der Krankenpflegeschule übernommen wurde.

Parallel zur Evangelischen Krankenpflegeschule am Krankenhaus des Evangelischen Diakoniewerkes Königin Elisabeth in Berlin Lichtenberg sollte die Funktion der Stationsleitung und der Vertretung ebenfalls von Auszubildenden ausgefüllt werden, die von den SchülerInnen eigenständig und ohne Beeinflussung seitens des Lehrerkollegiums gewählt werden sollte. Abstand wurde allerdings von den Vorgaben bezüglich des Aufgabenfeldes der Stationsleitung genommen. Das Bringen und Holen der Patienten von Untersuchungen, das Besorgen von Befunden, der Telefondienst, der Empfang neuer Patienten und Begleitung der Ärzte zur Visite entsprach nach dem Empfinden der Lehrenden der Krankenpflegeschule Herzberg der 'Funktionspflege'[8], die von diesen auf keinen Fall befürwortet wurde und für sie eher ein Rückschritt darstellte.

Einen erheblichen Diskussionspunkt stellte, zur rechtlichen Absicherung und zur Sicherheit der Patienten und SchülerInnen, die Besetzung des so genannten Hintergrunddienstes[9] dar. In jedem bereits durchgeführten Projekt wurde eine andere Variante angewandt, worüber es allerdings weder positive noch negative Aussagen zu finden gab. Nach langen Diskussionen entschieden sich die Beteiligten des Projektes, in der ersten Projektwoche den Früh- und Spätdienst mit jeweils zwei PraxisanleiterInnen und einer Lehrkraft zu besetzen. Weiterhin wurde beschlossen, nicht nur ausgebildete

---

[8] Im Rahmen der **Funktionspflege** betreuen alle Pflegepersonen einer Pflegeeinheit die Gesamtzahl der dort anwesenden Patienten, wobei einzelne Tätigkeiten von jeweils einer Person für die gesamte Anzahl von Patienten durchgeführt wird (vgl. Hammer 2001, S. 233).

[9] Dieser Dienst bedeutete die Anwesenheit von examiniertem Pflegepersonal während jeder Schicht.

PraxisanleiterInnen sondern alle examinierten Pflegekräfte der entsprechenden Station an dem Projekt teilnehmen zu lassen, die Lust und Interesse an diesem zeigten. Dadurch wurde erhofft, zukünftig mehr Personal für die Anleitung von SchülerInnen zu motivieren, sodass diese Tätigkeit nicht ausschließlich den bisher ausgebildeten Praxisanleitern obliegt. Mit diesem Beschluss wurde nicht mehr der Name der PraxisanleiterInnen sondern der Name der ProjektbegleiterInnen verwendet. In dieser Bezeichnung waren sowohl die examinierten Pflegekräfte als auch die LehrerInnen aus der Schule integriert.

Anschließend wurde sich mit dem Aufgabenfeld dieser so genannten ProjektbegleiterInnen beschäftigt. In diesem Punkt tendierte das Lehrerkollegium der Krankenpflegeschule der Kliniken Herzberg und Osterode GmbH bei der Umsetzung zum Pilotprojekt, in dem die BegleiterInnen eine Kontroll- und Anleitungsfunktion sowie den Part des Ansprechpartners übernahmen. Allerdings wurde der Aufgabenbereich nicht endgültig festgelegt, da er zu einem späteren Zeitpunkt gemeinsam mit den SchülerInnen erarbeitet und festgelegt werden sollte.

So wie an der Evangelischen Krankenpflegeschule nahmen sich die LehrerInnen der Krankenpflegeschule Herzberg vor, nach Abschluss des Projektes mit allen am Projekt Beteiligten ein Auswertungsgespräch durchzuführen, bei dem sowohl positive und negative Erfahrungen als auch Verbesserungsvorschläge für die Zukunft zusammengetragen werden sollten. Weiterhin sollten dabei auch Erfahrungen aufgearbeitet werden, um das Projekt entsprechend abschließen zu können.

Die in diesem Abschnitt beschriebenen Punkte beinhalten die Vorüberlegungen, die die Lehrenden der Krankenpflegeschule Herzberg aufgrund der Erfahrungen anderer Krankenpflegeschulen, die dieses Projekt bereits durchgeführt hatten, mit in die Überlegungen zu ihrem Projekt aufnahmen.

Das folgende Kapitel beschreibt das Projekt „SchülerInnen leiten eine Station" der Krankenpflegeschule der Kliniken Herzberg und Osterode GmbH. Zu Beginn wird die Projektplanung beschrieben. Bestandteil dieser Planung ist zum einen die Zielsetzung der SchülerInnen für das Projekt und zum anderen die inhaltliche und organisatorische Projektplanung. Im nächsten Abschnitt erfolgt eine Beschreibung der konkreten Projektvorbereitung, bevor im letzten Teil dieses Kapitels die Durchführung des Projektes geschildert wird.

3 Das Projekt „SchülerInnen leiten eine Station"

Ausgehend von den Kriterien, die in Kapitel 1.4 beschrieben wurden und den Erfahrungen anderer Krankenpflegeschulen, die ein vergleichbares Projekt bereits durchführten (siehe Kapitel 2), entstanden die Überlegungen zum Projekt „SchülerInnen leiten eine Station".

Das Projekt wurde von den Auszubildenden der Krankenpflegeschule der Kliniken Herzberg und Osterode GmbH geplant, vorbereitet und durchgeführt. Die Schule ist an die Rhön Klinik Herzberg und Osterode GmbH angegliedert und liegt mit ihrem Standort in circa drei Kilometern Entfernung zur Klinik. Sie verfügt über 60 Ausbildungsplätze, die auf drei Ausbildungskurse aufgeteilt sind. Jeweils zum ersten Oktober startet ein neuer Ausbildungskurs in eine umfassende theoretische und praktische dreijährige Ausbildung zum/zur Gesundheits- und KrankenpflegerIn. Der Unterricht erfolgt in zwei- bis dreiwöchigen Theorieblöcken zwischen den praktischen Einsätzen sowie während der praktischen Einsätze an einem Studientag in jeder Woche.

Die Krankenpflegeschule arbeitet mit dem Curriculum von OELKE/MENKE „Gemeinsame Pflegeausbildung" (2002). Die Vorgaben dieses Curriculums geben den Rahmen für eine gut strukturierte, transparente und nachvollziehbare Ausbildung nach den Vorgaben des neuen Krankenpflegegesetzes. Sie lassen allerdings auch Spielräume, die individuell an die Bedürfnisse und Wünsche der Auszubildenden angepasst werden können.

Die am Projekt beteiligten Auszubildenden sind KrankenpflegeschülerInnen in der Mitte des dritten Ausbildungsjahres. Sie haben im Oktober 2004 ihre Ausbildung begonnen und werden im September 2007 das Staatsexamen absolvieren. Ausgebildet wird dieser Kurs nach dem innovierten Krankenpflegegesetz von 2003 (vgl. KrPflG 2003).

Zu Beginn der Ausbildung bestand der Kurs aus 20 Auszubildenden. Aus persönlichen und gesundheitlichen Gründen haben vier TeilnehmerInnen die Ausbildung vorzeitig beendet, wodurch der Kurs nur noch aus 13 Schülerinnen und drei Schülern, die zwischen 20 und 41 Jahre alt sind, besteht.

Diese Lernenden haben sich zur Aufgabe gemacht, für zwei Wochen in Eigenverantwortung eine Station mit 38 Betten zu übernehmen. Dabei waren sie für die gesamten administrativen und pflegerischen Aufgaben in allen drei Schichten zuständig. Lernende, die in ihrer bisherigen Ausbildungszeit noch nicht genügend Nachtdienste absolvieren konnten, bekamen hier die Möglichkeit, diese nachzuholen.

Die detaillierte Ablaufplanung, die Gestaltung der Vorstellung des Projektes, die Dienstplanerstellung und die Erstellung benötigter Standards erfolgte in der Planungsphase durch die SchülerInnen, die dabei durch Lehrkräfte der Schule unterstützt wurden. Zu diesen Lehrkräften zählten die Leitung der Schule, zwei halbtags arbeitende freigestellte PraxisanleiterInnen, die fest in der Schule integriert sind und neben ihrer eigentlichen Tätigkeit auch gelegentlich unterrichten und meine Person. Wichtig zu erwähnen ist, dass die Lehrkräfte während der gesamten Projektzeit die Rolle der LernbegleiterInnen[10] einnahmen.

KLAFKI entwickelte das Modell der kritisch-konstruktiven Didaktik. Er postuliert als Bildungsziele die Fähigkeit zur Selbstbestimmung, Mitbestimmung und Solidarität (vgl. 1996, S.52). Diese Komponenten sollen und müssen in der SchülerInnenbildung unbedingt integriert werden. Auf dieser Grundlage bekommen die Auszubildenden die Hilfestellung, die sie benötigen, um ihre Lernziele zu erreichen. Der theoretische Unterricht wird mit den SchülerInnen gemeinsam gestaltet, wobei diese in die Planung, Vorbereitung und Durchführung miteinbezogen werden, wodurch ein handlungsorientierter, erfahrungsbezogener Unterricht sichergestellt wird.

Im Folgenden wird zu Beginn die konkrete Projektplanung beschrieben. Diese beinhaltet die Zielsetzungen sowie die organisatorische und inhaltliche Planung des Projektes. Der anschließende Abschnitt widmet sich der konkreten Projektvorbereitung, bevor im letzen Abschnitt die Durchführung des Projektes erläutert wird.

3.1 Projektplanung

Die betreffenden SchülerInnen und das Lehrerkollegium der Krankenpflegeschule waren sich einig, dass eine Zustimmung zur Durchführung des Projektes nur erfolgen würde, wenn eine konkrete Planung des Projektes vorgelegt werden konnte. Aus dieser Planung mussten die maßgeblich für die Zustimmung Verantwortlichen ersehen können, dass die SchülerInnen einerseits gut vorbereitet waren und andererseits musste die mit dem Projekt verbundene Zielsetzung dargelegt werden. Weiterhin sollte ersichtlich werden, welche positiven Effekte die Durchführung eines derartigen Projektes mit sich bringt.

---

[10] **LernbegleiterInnen** initiieren und steuern Lernprozesse und leiten Auszubildende zur Reflexion ihrer Lernprozesse an. Darüber hinaus fungieren sie als Asprechpartner, die individuelle Beratung durchführen und Einzelnen, aber auch Gruppen entsprechende Rückmeldung geben. Sie übernehmen wichtige Beobachtungsaufgaben, die für den Prozess und das Ergebnis entscheidend sein können (vgl. Schneider 2005, S. 143).

Um eine Zustimmung zu erhalten, war es weiterhin von erheblicher Bedeutung, bereits im Vorfeld zu verdeutlichen, dass durch dieses Projekt die Leistung von den Kolleginnen/Kollegen der entsprechenden Station zu keiner Zeit in Frage gestellt wurde. Im Gegenteil, die Pflegekräfte sollten in das Projekt aktiv mit eingebunden werden, so dass ein gegenseitiges voneinander lernen und wertschätzen gewährleistet wurde.

Eine besondere Bedeutung sollte während des gesamten Projektzeitraumes den Patienten zukommen, die stets im Mittelpunkt standen, zu keinem Zeitpunkt gefährdet werden durften und deren Gesundheit und Wohlbefinden fortwährend höchste Priorität erfuhr.

Bevor mit der Planung des Projektes begonnen werden konnte, musste der Frage nachgegangen werden, auf welcher Station das Projekt durchgeführt werden konnte.

Da alle betreffenden SchülerInnen bereits mindestens einen Einsatz auf einer internen Station absolviert hatten, wurde nach Absprache mit den Auszubildenden und dem Schulteam beschlossen, die Umsetzung des Projektes auf einer internen Station durchzuführen. Die Wahl fiel auf die Station 41, einer gastroenterologischen Station mit 38 Betten. Mit dieser Station war der größte Teil der Lernenden vertraut und hatte dort durchgängig positive Erfahrungen gesammelt.

Die auf einer internen Station am häufigsten auftretenden Krankheitsbilder waren den SchülerInnen bekannt, da sie bis zu diesem Zeitpunkt circa 500 theoretische Unterrichtsstunden in Krankheitslehre und davon annähernd 300 Stunden im internen Bereich vorweisen konnten.

Im Folgenden bestand die Überlegung darin, einen geeigneten Termin für die Durchführung dieses Projektes zu finden. In Abstimmung mit dem Lehrplan wurde der Termin vom 03.03.2007 bis zum 17.03.2007 festgelegt. Zu diesem Zeitpunkt befanden sich die SchülerInnen in der Mitte des dritten Ausbildungsjahres, knapp vier Monate vor Beginn ihres Examens, sodass es zu keiner Doppelbelastung mit der Projekt- und Examensvorbereitung für die Lernenden kommen konnte.

3.1.1 Zielsetzung

Zu Beginn der Projektplanung stand bei den Auszubildenden und den Lehrkräften das Vorhaben im Vordergrund, Ziele zu formulieren, die durch das Projekt erreicht werden sollten.

Der Ausbildungskurs wurde in drei Kleingruppen geteilt, die jeweils die Aufgabe bekamen, Ziele für das Projekt zu formulieren. Die fertigen Erarbeitungen wurden im Kursverband vorgetragen. Abschließend wurden sich auf die nachfolgenden Ziele geeinigt, die als Gegenstand der weiteren Projektplanung im Mittelpunkt standen:

1. Eigenverantwortliches, selbstständiges Arbeiten, um auf diese Weise eine gute Voraussetzung für den Berufsalltag nach dem Erlangen des Examens zu schaffen.
2. Sichere Ausübung der Stationsorganisation und –administration.
3. Die Kommunikation und die Kooperation mit der eigenen und den anderen Berufsgruppen zu verbessern und Verständnis füreinander zu entwickeln.
4. Vertiefung der vom Krankenpflegegesetz geforderten Kompetenzen.
5. Zufriedenheit bzw. qualitative Versorgung der Patienten.
6. Eigene Grenzen erfahren und einschätzen lernen.

Nachdem die Zielsetzung für das Projekt festgelegt wurde, bestand die nächste Phase darin, die Planung zu erstellen. Diese sollte alle Grundvoraussetzungen beinhalten, die gewährleisten, dass es zu einer Durchführung dieses Projektes kommen konnte und die SchülerInnen somit die Möglichkeit erhielten, ihre Ziele umzusetzen bzw. zu erreichen.

3.1.2 Inhaltliche Planung

Zu Beginn der Planung empfanden es die Auszubildenden für wichtig, aus ihren Reihen eine Stationsleitung und deren Stellvertretung zu wählen. Das Ziel bestand darin, aus dem Kurs ein Team zu bilden, das sich gegenseitig unterstützt und gemeinsam an der Projektplanung, Vorbereitung und Durchführung arbeitet. Mit diesem Bestreben wollte der Kurs von Anfang an beginnen. Dazu gehörte auch, dass es eine Person in ihren eigenen Reihen gab, die als Ansprechpartner fungierte und als neutrale Person bei Unstimmigkeiten vermittelnd eingriff. Im Zuge dessen wurden direkt nach der einstimmigen Wahl das Aufgabefeld für die Position der Stationsleitung im Kurs besprochen und wie im Folgenden aufgeführt festgelegt:

- Organisation der Station und Stationsabläufe
- Weisungsbefugnis
- Zusammenarbeit mit den Schichtleitungen
- Verantwortung für den Dienstplan (z. B. Krankheit oder Diensttausch)
- Ansprechpartner für alle Personengruppen
- Hilfestellung bei Konflikten
- Erhalten und Weitergeben von Informationen

Für die erste Phase der Inhaltserarbeitung beschlossen die Auszubildenden, in Absprache mit dem Lehrerkollegium, innerhalb des Kurses drei Arbeitsgruppen zu bilden, die durch Lehrkräfte der Krankenpflegeschule unterstützt wurden. Jede Gruppe hatte verschiedene Themenbereiche zu bearbeiten, die Ergebnisse zusammenzutragen und sie anschließend im gesamten Kurs zu präsentieren und gegebenenfalls zu überarbeiten. Abschließend wurden die Ergebnisse den dafür verantwortlichen Personen zur Abstimmung vorgelegt.

Die erste Arbeitsgruppe, in der acht SchülerInnen involviert waren, hatte die Aufgabe sich Gedanken über die **Vorstellung des Projektes** zu machen. Als Ergebnis wurde ein Handout erarbeitet, das bei der Projektvorstellung verteilt werden sollte, um die Wichtigkeit und Motivation der SchülerInnen noch einmal zu unterstreichen. Zu den Inhalten dieses Handouts gehörte die Entstehung des Projektes, die Gründe für die Durchführung und die Planung des Projektes. Darüber hinaus wurden darin die Wünsche der Auszubildenden bezüglich des Projektes und eine gezielte Auswahl der erarbeiteten Standards formuliert.

Mit Hilfe dieser Grundlagen konnte die Arbeitsgruppe im folgenden Arbeitsschritt die konkrete Projektvorstellung planen, die zum überwiegenden Teil von den SchülerInnen selbst durchgeführt werden sollte. Da diese Vorstellung mehrfach vollzogen werden musste, teilten sich die acht SchülerInnen in zwei Kleingruppen. In diesen Kleingruppen übernahm jeder Auszubildende einen festen Part, für den er bei der entsprechenden Projektvorstellung verantwortlich war.

Die zweite Arbeitsgruppe war für die **Erstellung eines Dienstplanes** zuständig. Diese Gruppe bestand aus den acht weiteren SchülerInnen, die nicht für die Projektvorstellung verantwortlich waren. Die bereits gewählte Stationsleitung und deren Stellvertretung waren ebenfalls Bestandteil dieser Gruppe, da diese nach Erstellung für den Dienstplan verantwortlich waren.

Bevor diese Arbeitsgruppe ihre Tätigkeit aufnahm, erfolgte im theoretischen Unterricht die Vermittlung der Grundlagen zu dieser Thematik. Im Curriculum sind für diesen Bereich acht Doppelstunden vorgesehen, die den Aufbau und die Bedeutung des Dienstplanformulars, dessen arbeitsrechtliche Grundlagen, die EDV gestützte Dienstplanung und die Unterschiede im stationären und ambulanten Bereich beinhalten (vgl. Oelke/Menke 2002, S. 152).

Ein Dienstplan ist ein gesetzlich und tarifvertraglich zwingend vorgeschriebenes Dokument und Planungsinstrument, in dem der Pflegebedarf einer Station durch sinnvollen Personaleinsatz unter Berücksichtigung arbeitsorganisatorischer, rechtlicher und medizinischer Faktoren abgedeckt wird. Gleichzeitig sollen mitarbeiterbezogene und patientenorientierte Gesichtspunkte ausgewogen in die Planung einbezogen werden (vgl. Birkenfeld 1997, S. 15). Aus einem Dienstplan ist zu ersehen, welcher Mitarbeiter wann und unter welchen personellen Bedingungen zu arbeiten hat. Weiterhin dient der Dienstplan in Schadensersatzfällen der Beweisführung, weshalb nichts ausgestrichen, überklebt, radiert oder übermalt werden darf. Die Aufzeichnungen sind mindestens zwei Jahre aufzubewahren (vgl. Kelm 2003, S. 125).

Zur Sicherstellung der Verantwortung und Ausübung des Weisungsrechts sollte jede Schicht mit einer Schichtleitung besetzt sein, die im Dienstplan zum Beispiel mit einem roten Punkt gekennzeichnet wird und dadurch für jeden zu ersehen ist. Die Auszubildenden des Kurses 04/07 entschieden sich einstimmig dafür, dass jeder von ihnen mindestens einmal die Position der Schichtleitung übernehmen sollte, um auch einen Einblick in diesen Aufgabenbereich zu erhalten.

Unter Berücksichtigung des Arbeitsanfalls in den jeweiligen Schichten sind alle Kolleginnen/ Kollegen entsprechend auf dem Dienstplan einzuplanen. Bei dieser Planung empfiehlt es sich, im Vorfeld die Wünsche der MitarbeiterInnen zu erfragen (vgl. ebd.). Aus diesem Grund hat die Arbeitsgruppe, die für das Erstellen des Dienstplanes verantwortlich war, knapp vier Monate vor Projektbeginn einen 'Wunschplan' ausgehändigt, auf dem alle am Projekt beteiligten SchülerInnen ihre Wünsche für die zweiwöchige Projektdauer eintragen konnten.

Ein erstellter Dienstplan darf nur aus betrieblichen oder dringlichen sachlichen Gründen geändert werden, da die MitarbeiterInnen sich auf die Vorplanung verlassen können müssen. Die Sollarbeitszeit[11] ist verbindlich und die Grundlage für die Abrechnung am Monatsende (vgl. Kelm 2003, S. 124f.). Da die Dauer des Projektes auf 15 Tage festgelegt wurde, beträgt die Sollarbeitszeit für diesen Zeitraum 88 Stunden, die von jedem Auszubildenden erbracht werden mussten. Das Formblatt des Dienstplanes muss übersichtlich gestaltet sein. Die Größe richtet sich nach der Anzahl der MitarbeiterInnen. Das Dienstplanformular sollte mindestens einen Planungszeitraum von einem Kalendermonat umfassen. Für jeden Mitarbeiter sind drei Spalten einzurichten. Weiterhin muss das Jahr, der betreffende Monat, die Abteilung, der Vor- und Nachname jedes Mitarbeiters, die Soll- und Istarbeitszeit, das Zeitguthaben und eine Legende der Abkürzungen und Symbole auf ihm vermerkt sein (vgl. ebd., S.126).

Der Aufgabenbereich dieser Gruppe umfasste die Erstellung eines Dienstplanes für die zweiwöchige Projektdurchführung. Bereits zu Beginn ihrer Tätigkeit stellten die Auszubildenden fest, dass ihr Kurs, der aus 16 Auszubildenden bestand, für die Abdeckung sämtlicher Dienste während des Projektzeitraumes nicht ausreicht. Aus diesem Grund wurde in Rücksprache mit der Schulleitung beschlossen, drei SchülerInnen des Mittelkurses, die zur Zeit der Durchführung auf der ausgewählten Station eingesetzt waren, mit in die Projektdurchführung zu integrieren. Diese drei Lernenden konnten aus organisatorischen Gründen nicht an der Projektvorbereitung und Planung teilnehmen, wurden aber in regelmäßigen Abständen über die Ergebnisse informiert.

In der dritten Arbeitsgruppe, die sich für die **Erstellung von Standards** verantwortlich fühlte, waren alle Auszubildende des Kurses 04/07 integriert. Sie teilten sich in sechs Gruppen auf und verfolgten das Ziel, die für das Projekt benötigten Standards zu erstellen. „*Ein Standard ist ein Maßstab, der an eine Pflegehandlung angelegt wird. Er gibt ein vereinbartes Qualitätsniveau vor, das in der Praxis überprüfbar ist*" (Martin 1999, S. 17).

Pflegestandards haben die Aufgabe, themen- oder tätigkeitsbezogen festzulegen, was eine Pflegeperson in einer bestimmten Situation generell leisten soll und wie diese Leistung auszusehen hat (vgl. Von Stösser 1993, S. 2). In diesem Sinne können Standards als Normen verstanden werden, die unter einem bestimmten Blickwinkel einen Sollwert für

---

[11] Die regelmäßige Arbeitszeit für ArbeitnehmerInnen der Rhön Kliniken Herzberg und Osterode GmbH beträgt 40 Stunden/Woche.

die Pflege festlegen. Sie können nach Inhalt und Form folgendermaßen unterschieden werden:

Funktionsstandards sind Standards für Einzeltätigkeiten, die eine überschaubare Pflegetätigkeit beschreiben. Fallstandards sind Standardpflegepläne, die die planbare Pflege bei einem bestimmten Krankheitsbild umfassen. Organisationsstandards geben Abläufe oder Strukturen vor, die die Pflegeorganisation betreffen. In der Regel sind Standards verbindlich und haben den Charakter einer Dienstanweisung. Mit ihnen wird das Ziel der Vorbild- und Lehrfunktion und der Qualitätskontrolle verfolgt. Des Weiteren sollen sie dazu dienen, die Pflege transparenter werden zu lassen und Orientierungsrichtlinien für Tätigkeiten zu geben (vgl. Martin 1999, S. 17-19).

Die für das Projekt benötigten Standards waren:

- Aufnahme, Übernahme, Verlegung[12] und Entlassung von Patienten (Organisationsstandard)
- Untersuchungen anmelden, vorbereiten und begleiten (Organisationsstandard)
- Leitlinie: Verhalten im Todesfall (Fallstandard)
- Umgang mit Blutprodukten: Blutabnahme, Eigen- und Fremdlabor, Transfusion, Bed-Side-Test (Funktionsstandard)
- Bestellung und Aufgabenbereich: Sanitätshaus, Sozialdienst, Physiotherapie, Krankenhausseelsorge (Organisationsstandards)
- Umgang mit Arzneimitteln (Funktionsstandard)
- Transport von Patienten (Organisationsstandard)
- Vorgehen bei einem Notfall (Fallstandard)
- Apothekenbestellung, Materialbestellung, Küchenbestellung (Organisationsstandards)
- Umgang mit MRSA-Patienten (Fallstandard)

Neben den Tätigkeiten in den entsprechenden Arbeitsgruppen sollten und mussten weitere Inhalte erarbeitet werden. Aus diesem Grund beschloss der Ausbildungskurs in Absprache mit dem Lehrerteam die Festlegung bestimmter Aufgabenbereiche, die Wiederholung stationsspezifischer Krankheitsbilder, die Erstellung eines Tagesablaufplanes und Standards für Untersuchungsabläufe in die Planung aufzunehmen. Von erheblicher Notwendigkeit erachteten die SchülerInnen weiterhin, einen Leitfaden

---

[12] Zur Verdeutlichung ist als Beispiel der Standard „Verlegung eines Patienten innerhalb des Hauses" im Anhang auf Seite 99 abgebildet.

für den Umgang mit Konflikten zu erstellen, der auf ein großes Plakat kopiert werden sollte, damit dieser während der Projektdurchführung für alle Auszubildenden sichtbar in der Stationsküche aufgehängt werden konnte.

Am 05.10.2006 erfolgte die erste Projektvorstellung, die von vier SchülerInnen der entsprechenden Arbeitsgruppe durchgeführt wurde. Die Lehrkräfte übernahmen dabei eine unterstützende und ergänzende Funktion. Das Ziel dieser Veranstaltung, bei der die Geschäftsführung, der ärztliche Direktor, der Betriebsrat, der Chefarzt und die Stationsleitung der ausgewählten Station anwesend waren, bestand darin, die Zustimmung für die Durchführung des Projektes zu erhalten. Im Anschluss an diese Vorstellung bekamen die Teilnehmenden Raum um ihre diesbezüglichen Fragen zu stellen, die von den SchülerInnen mehr als ausreichend beantwortet wurden. Die Anwesenden waren von der Idee begeistert und stimmten einer Durchführung zu.

Mit dieser Zustimmung stand der Umsetzung des Projektes „SchülerInnen leiten eine Station" nichts mehr im Weg und es konnte mit der organisatorischen Projektplanung und den konkreten Vorbereitungen begonnen werden.

3.1.3 Organisatorische Planung

Um zu gewährleisten, dass die SchülerInnen der Gesundheits- und Krankenpflege in einer kontrollierten Ausbildungssituation für einen Zeitraum von 15 Tagen eine komplette Station in allen Schichten[13] übernehmen und während der gesamten Zeit alle pflegerischen, organisatorischen und administrativen Aufgaben erfüllen können, musste eine konkrete Vorbereitungsplanung erstellt werden. In dieser Planung mussten sämtliche bevorstehende Termine und die Punkte der inhaltlichen Projektplanung vermerkt sein. Darüber hinaus war es den Beteiligten wichtig, dass der Plan zeitliche Ressourcen zulässt, die mit eventuell hinzukommenden Inhalten gefüllt werden konnten. In Zusammenarbeit mit den Auszubildenden wurde der im Folgenden aufgeführte Zeitplan erstellt, der für alle TeilnehmerInnen bindend war. In diesen Plan wurden sowohl der separate Studientag in jeder Woche während jedes praktischen Einsatzes als auch die feststehenden Unterrichtsblöcke integriert, die in der Zeit vom 28.08.06 bis 17.09.06, 13.11.06 bis 26.11.06 und 22.01.07 – 04.02.07 stattfanden.

---

[13] Früh-, Spät- und Nachtdienst

40

Abb. 2: Übersicht über den Zeitrahmen und der Inhalte		Beteiligte Personen		
		Team der Station 41	Team der Krankenpflegeschule	Auszubildende Kurs 04/07
Datum	**Besprechungsinhalte**			
06.04.2006	Die Projektidee wird geboren: „SchülerInnen leiten eine Station"	X	X	
11.04.2006	• Zielsetzung für das Projekt festlegen • Festlegung des Zeitpunktes für das Projekt und Wahl einer Station	X	X	
04.05. 2006	Teambesprechung: Verteilung der Aufgaben und zeitliche Planung festlegen		X	
ab 28.08. 2006	Beginn der Planungen im betreffenden Ausbildungskurs	X	X	
29.08.2006	• Wahl der Stationsleitung • Aufgabenverteilung im Kurs (Bildung von Arbeitsgemeinschaften): 1. Vorbereitung der Projektvorstellung 2. Dienstplanerstellung 3. Erstellung von Standards	X	X	
05.10. 2006	• Austausch der Arbeitsgruppen (Vorstellung des aktuellen Standes und Generalprobe der Projektvorstellung) • Projektvorstellung Anwesend: Betriebsrat, Geschäftsführung, ärztlicher Direktor, Chefarzt und Stationsleitung der ausgewählten Station	X	X	
13.11.2006	Festlegung des Aufgabenbereiches für: • Stationsleitung • Schichtleitung • ProjektbegleiterInnen	X	X	
14.11.2006	Projektvorstellung Anwesend: Pflegepersonal der ausgewählten Station	X	X	
ab 15.11.2006	Wiederholung stationsspezifischer Krankheitsbilder	X	X	
23.01.2007	Erstellung eines Tagesablaufplanes für die Projektzeit	X	X	
30. und 31.01. 2007	Vorbereitung, Durchführung und Nachbereitung von stations-spezifischen Untersuchungen	X	X	X
08.02.2007	• Informationsgespräch mit der Stationsleitung und den beteiligten Pflegekräften • Vorstellung der erstellten Fragebögen und Information über Sinn und Zweck dieser Evaluation	X	X	X
22.02.2007	• Begehung der Station • Einweisung in die stationsspezifischen technischen Geräte (Alveolar, Defibrillator, Absauggerät, Infusionspumpe, Perfusor, Lifter) • EDV- „Auffrischungskurs"	X	X	
01.03.2007	• Leitfadenerstellung: Umgang mit Konflikten • 12:00 Uhr und 14:00 Uhr: Informationsveranstaltung für alle Berufsgruppen	X	X	X
02.03.2007	• Letzte Vorbereitung zur Durchführung (Kopieren usw.) • Überprüfung des Dienstplanes		X	
03.03 -17.03. 2007	Durchführung des Projektes „SchülerInnen leiten eine Station"	X	X	X
19.03.2007	Auswertung des Projektes	X	X	X
ab 22.03.2007	Reflexionsgespräche mit den SchülerInnen	X	X	
ab 01.04. 2007	Auswertung der Fragebögen	X	X	

Nachdem diese organisatorische Zeitplanung als weitere Grundlage feststand, begannen Mitte Oktober 2006 die konkreten Projektvorbereitungen, die Bestandteil des anschließenden Abschnittes sind.

3.2 Konkrete Projektvorbereitung

Zu Beginn der Vorbereitung des Projektes standen die diesbezüglichen Wünsche der SchülerInnen im Vordergrund.

Ein wichtiges Anliegen der Auszubildenden bestand in der Durchführung der **Gruppenpflege**. Der Früh- und Spätdienst sollte aus drei Gruppen bestehen, die mit jeweils zwei Schülern besetzt wurden. Der Nachtdienst sollte insgesamt mit zwei Auszubildenden abgedeckt werden. Bei der Gruppenpflege, die auch Bereichspflege genannt wird, werden alle erforderlichen Leistungen für eine Gruppe von pflegebedürftigen Menschen von einer bestimmten Anzahl von Pflegepersonen geleistet. Dabei wird eine große Pflegeeinheit in mehrere einzelne Pflegeeinheiten aufgeteilt. Diese Einteilung erfolgt nach Zimmern, Gruppen von Personen oder Stationsbereichen (vgl. Hammer 2001, S. 239). Den einzelnen Pflegegruppen ist eine Schichtleitung vorgesetzt, die die jeweiligen Gruppen einteilt. Zusätzlich übernimmt sie Führungs- und Koordinationsaufgaben und steht den einzelnen Pflegegruppen als Ansprechpartner zur Verfügung. Das Ziel der Gruppenpflege besteht darin, dass die Pflegeperson einen überschaubaren Arbeitsbereich erhält. Sie muss sich nicht die Namen, Diagnosen und Therapiemaßnahmen von allen Patienten merken sondern kann sich auf die erforderliche Pflege und die Pflegepläne einer kleineren Anzahl von acht bis zehn Personen konzentrieren, wodurch der Gesamtüberblick für den eigenen Bereich gewährleistet wird. Weiterhin wird der persönliche Kontakt zu den zu betreuenden Personen intensiver, wodurch diese die Möglichkeit eines direkten Ansprechpartners erhalten. Außerdem wird durch die Durchführung der Gruppenpflege die Information über die momentane Situation der zu betreuenden Person umfassender. Darüber hinaus können Pflegemaßnahmen gezielter geplant, kontinuierlicher durchgeführt und anschließend beurteilt werden (vgl. Hammer 2001, S. 239f.).

Da es rechtlich nicht zulässig ist, dass SchülerInnen ohne Aufsicht eine Station betreuen, ist ein so genannter Hintergrunddienst erforderlich, der aus examinierten Pflegekräften und Lehrern aus der Schule bestehen sollte. Der Wunsch der Auszubildenden bestand

41

darin, in der ersten Woche die Früh- und Spätdienste mit jeweils zwei examinierten Pflegekräften und einer Lehrkraft aus der Schule zu besetzen. In der zweiten Durchführungswoche sollten diese Dienste dann nur noch mit jeweils einer Pflege- und einer Schulkraft abgedeckt werden. Die rechtliche Absicherung im Nachtdienst sollte stetig durch eine Pflegekraft gewährleistet werden.

Der abschließende Wunsch der SchülerInnen bestand darin, Hilfe und Unterstützung vor allem von den examinierten Pflegekräften zu erhalten. Die Wünsche der SchülerInnen entsprachen auch den Vorstellungen des Schulteams. Im nächsten Schritt wurden die Auszubildenden konkret auf die Projektzeit vorbereitet. Dabei sollte das Pflegepersonal der ausgewählten Station integriert werden. Aus diesem Grund befassten sich die Auszubildenden bereits zu diesem Zeitpunkt mit dem Aufgabenbereich der ProjektbegleiterInnen und legten diese fest. Das Bestreben der SchülerInnen bestand außerdem darin, das Aufgabenfeld der Schichtleitung festzulegen und die bereits erstellten Aufgaben der Stationsleitung erneut zu überarbeiten. Die von den Auszubildenden formulierten Aufgabenfelder der drei aufgeführten Bereiche sind im Anhang auf Seite 100 zu ersehen.

Im Zusammenhang mit der Erarbeitung der benannten Aufgabenbereiche kristallisierte sich die Frage heraus, wo und wie die Ergebnisse gesammelt und aufbewahrt werden sollten. Die Lernenden beschlossen, sämtliche Erarbeitungen in einem Ordner zu sammeln, der zur Zeit der Projektdurchführung für alle zugänglich auf der Station bereitgestellt werden sollte, damit jeder bei Bedarf das Benötigte nachlesen konnte.

Einen Tag nach der beschriebenen Aufgabenerarbeitung erfolgte für das Pflegeteam der ausgewählten Station eine Projektvorstellung, die von den verbliebenen vier SchülerInnen der entsprechenden Arbeitsgruppe durchgeführt wurde. In dieser Veranstaltung stellten die SchülerInnen das Projekt vor und erläuterten den Aufgabenbereich der ProjektbegleiterInnen. Diese erhielten dadurch ausreichend Zeit, um sich mit der auf sie zukommenden neuen Rolle auseinander zu setzen. Die abschließende Resonanz war sehr positiv. Allerdings waren vom gesamten Pflegepersonal nur fünf MitarbeiterInnen anwesend, die wiederum den Auszubildenden ihre volle Unterstützung und Mithilfe zusagten. Nach Abschluss der Vorstellung wurde mit den anwesenden Pflegekräften besprochen, welche Krankheitsbilder vorrangig auf ihrer Station behandelt werden. Zu diesen entwickelten die Auszubildenden einen Monat später in Kleingruppen Fallstandards, aus denen die Definition, die Ursachen, die Symptome, die Therapie und die Pflege des entsprechenden Krankheitsbildes hervorgingen. Anschließend wurden die Ergebnisse im Plenum vorgestellt, überarbeitet und fertig gestellt. Zwei Beispiele dieser Ergebnisse sind im Anhang auf Seite 101-102 zu ersehen.

Nachdem diese Standarderstellung ihren Abschluss fand, entwarfen die SchülerInnen in Kooperation mit einer Lehrkraft einen **Tagesablaufplan** für die Zeit der Projektdurchführung. Dieser Plan beinhaltete die Tätigkeiten des Stationsalltags. Die SchülerInnen mussten sich zuerst in Kleingruppen und anschließend im Plenum darüber einig werden, was sie und zu welcher Uhrzeit sie es während jeder Schicht durchführen wollten und diese Ergebnisse schriftlich fixieren (siehe Anhang Seite 103-105).

Eine Mitarbeiterin der ausgewählten Station erklärte sich bereit, in Teamteaching[14] mit einer Lehrkraft der Schule die auf der Station durchgeführten Untersuchungen mit den Auszubildenden zu besprechen und zu diesen ebenfalls Standards zu erstellen. Nach Abschluss dieser Unterrichtseinheit waren zwölf Standards vorhanden, von denen im Anhang auf Seite 106 ein Beispiel zu ersehen ist.

Einen Monat vor Projektbeginn erfolgte ein weiteres Informationsgespräch für alle am Projekt beteiligten Pflegekräfte. Bei dieser Veranstaltung waren erneut nur fünf TeilnehmerInnen anwesend, von denen vier bereits an der ersten Informationsveranstaltung beteiligt waren. Inhalt dieser Veranstaltung war einerseits die wiederholte Vorstellung des Aufgabenbereiches der ProjektbegleiterInnen und die Beantwortung der diesbezüglich aufgetretenen Fragen. Andererseits war es der Wunsch der Auszubildenden, ihren erstellten Tagesablaufplan vorzustellen, damit sich die Pflegekräfte bereits im Vorfeld auf Umstellungen einstellen konnten. Weiterhin stellten die Auszubildenden bei dieser Besprechung ihren erstellten ´Projektordner` vor, in dem sie alles, was für das Projekt erarbeitet wurde, alphabetisch sammelten.

Circa zehn Tage vor Beginn des Projektes erhielten die SchülerInnen die Möglichkeit, die ausgewählte Station zu begehen, sich über die Begebenheiten (z. B. das Materiallager) zu informieren und Fragen zu stellen. Weiterhin erfolgte im Anschluss daran eine Einweisung in die stationsüblichen technischen Geräte der Station und ein EDV-´Auffrischungskurs`.

Am letzten Schultag vor Projektbeginn erarbeiteten die SchülerInnen, in Kooperation mit einer Lehrkraft, einen Leitfaden für den Umgang mit Konflikten, der auf einem Plakat

---

[14] **Teamteaching** ist eine besondere Form der Teamarbeit, in dem zwei oder mehrere Lehrende eine Lerngruppe gemeinsam bzw. gleichzeitig unterrichten (vgl. Buschfeld 1999, S. 366).

festgehalten und während der Durchführung in der Stationsküche aufgehängt wurde. Am selben Tag erfolgte um 12:00 Uhr und um 14:00 Uhr eine Informationsveranstaltung für alle Beschäftigten des Krankenhauses, damit auch diese über das Vorhaben in Kenntnis gesetzt waren und diesbezügliche Fragen stellen konnten. Für die Auszubildenden überraschend, nahmen an dieser Veranstaltung mindestes zwei MitarbeiterInnen aus jeder Berufsgruppe teil. Diese zeigten großes Interesse und sagten ebenfalls ihre Bereitschaft und Unterstützung zu.

Einen Tag vor Beginn des Projektes liefen in der Krankenpflegeschule die letzten Vorbereitungen. Übergabezettel und andere benötigte Unterlagen wurden kopiert. Außerdem erkrankte an diesem Tag eine Mitschülerin und konnte nicht an dem bevorstehenden Projekt teilnehmen. Aufgrund dieser Nachricht traf sich die Arbeitsgruppe Dienstplanerstellung noch einmal in der Schule, um den Dienstplan zu überarbeiten. Der fertig erstellte und für das Projekt gültige Dienstplan ist im Anhang auf den Seiten 107-108 abgebildet.

Am 03.03.2007 startete um 13:00 Uhr das Projekt „SchülerInnen leiten eine Station", dessen Durchführung im Folgenden beschrieben wird.

3.3 Durchführung des Projektes

Da erfahrungsgemäß am Wochenende der allgemeine Stationsalltag ruhiger als an einem Wochentag ist, erfolgte der Beginn des Projektes an einem Samstagmittag. Dieses wurde auch dadurch begründet, dass an Wochenenden keine Visiten und Untersuchungen stattfinden. Somit war ausreichend Zeit für eine ausführliche Übergabe des Pflegepersonals an die SchülerInnen. Die Auszubildenden bekamen die Möglichkeit, die Patienten kennen zu lernen und sich mit den Gegebenheiten der Station vertraut zu machen. Weiterhin bestand an diesem Wochenende die zeitliche Ressource, die Station und die benötigten Materialien an den Tagesablaufplan der SchülerInnen anzupassen. Bereits zu Beginn des Projektes waren die SchülerInnen des Mittelkurses in den Dienstplan involviert, wodurch die Auszubildenden des Oberkurses von Anfang an für deren Anleitung verantwortlich waren. Bei diesen Anleitungen bzw. in der Zusammenarbeit gab es zu keiner Zeit Schwierigkeiten. Im Gegenteil, sowohl die Auszubildenden des Oberkurses als auch die des Mittelkurses waren von dieser Zusammenarbeit und Kooperation begeistert und konnten voneinander lernen.

In der ersten Durchführungswoche waren im Früh- und Spätdienst jeweils zwei examinierte Pflegekräfte und eine Lehrkraft anwesend. Diese Kapazität wurde auch benötigt. In der ersten Woche und explizit in den ersten Tagen herrschte zeitweise ein reges Durcheinander, da die Absprachen zwischen den Auszubildenden nicht zufrieden stellend funktionierten. Diese Begebenheit legte sich aber von Tag zu Tag. Schwierigkeiten bereiteten die Chefarztvisiten, vor denen die SchülerInnen großen Respekt hatten und die eine Menge Zeit in Anspruch nahmen. Auch hier wurde deutlich, dass die Absprachen nicht funktionierten. Ebenfalls bereiteten die Anordnungen der Ärzte den SchülerInnen am Anfang Schwierigkeiten, da sie einiges nicht verstehen konnten und zusätzlich für die Ausarbeitung viel Zeit und vor allem die Unterstützung der ProjektbegleiterInnen benötigten.

Ein weiteres Problem während der Durchführung bestand darin, dass die Gruppenaufteilung nicht immer produktiv verlief. Einige SchülerInnen wollten gern mit ihrer Freundin arbeiteten, was zur Folge hatte, dass teilweise zwei leistungsschwächere SchülerInnen gemeinsam eine Gruppe bildeten. Bei dieser Problematik war es nötig, dass die ProjektbegleiterInnen der Schicht- bzw. Stationsleitung gegenüber unterstützend wirkten und diese ein entsprechendes Gespräch mit den Auszubildenden führten. Eine besondere Problematik entstand mit einem Schüler des Oberkurses, dem wiederholt Fehler unterliefen. Im Laufe des Projektes wollte kaum noch jemand mit ihm arbeiten, wodurch sich der Schüler ausgegrenzt und mehr als unwohl fühlte. Hier war vor allem die Hilfe der ProjektbegleiterInnen gefragt, die sowohl mit dem Schüler als auch mit einzelnen Auszubildenden Gespräche führten. Bei diesen wurden sowohl Problemlösungsansätze als auch Hilfestellungen angeboten, die von den SchülerInnen im weiteren Projektverlauf umgesetzt wurden.

Die Lernenden bemerkten bereits in der ersten Woche, dass sie ihren erstellten Tagesablaufplan nicht so umsetzen konnten, wie sie es geplant hatten. Die zeitlichen Differenzen des Planes wurden durch kleine Umstrukturierungen behoben und den Gegebenheiten angepasst.

Den ProjektbegleiterInnen fiel es in der ersten Woche schwer sich zurückzuhalten, zunächst abzuwarten und zuzuschauen. In der zweiten Durchführungswoche legten sich die anfänglichen Schwierigkeiten fast gänzlich. Allerdings beklagten einige Auszubildende das Engagement und die Motivation einiger examinierter Pflegekräfte. Dieses manifestierte sich darin, dass diese bei dem Projekt unbedingt mitmachen wollten, aber anscheinend nicht völlig hinter diesem standen, auf Fehler der SchülerInnen zu warten schienen und darauf folgend keine Hilfestellungen sondern nur Belehrungen gaben.

In der zweiten Projektwoche arbeiteten die Auszubildenden kooperativ, ruhig und zuverlässig. Es traten kaum noch Fehlerquellen auf. Zu bemerken war weiterhin, dass die Patienten selten klingelten und einen zufriedenen Eindruck machten. Auch die SchülerInnen waren zufrieden. Diese Begebenheit konnte zusätzlich auf die hervorragende Arbeit der Stationsleitung zurückgeführt werden, die von allen respektiert wurde und die ihre übertragenen Aufgaben in vollem Umfang erfüllte.

Zwei Wochen nach Projektbeginn endete um 13:00 Uhr das Projekt mit einer umfassenden Übergabe an das diensthabende Stationspersonal. Es ergab sich wiederum ein Wochenende als Übergang sowohl für das examinierte Pflegepersonal als auch für die SchülerInnen, die ab Dienstag wieder auf ihren ursprünglichen Stationen eingesetzt waren.

Am Montag, dem 19.03.07 erfolgte für alle am Projekt beteiligten MitarbeiterInnen ein Auswertungsgespräch in der Krankenpflegeschule. Bei diesem Gespräch wurde deutlich, wie stolz die Auszubildenden auf ihre erbrachte Leistung waren und auch sein konnten. Sie empfanden die Durchführung mehr als positiv und hatten viel dazugelernt. Weiterhin stellten sie fest, wie viel Spaß sie bei der Arbeit hatten und dass aus ihnen ein Team geworden war. Die Lehrkräfte und vor allem das examinierte Pflegepersonal waren über den Einsatz und die Motivation der SchülerInnen überrascht und begeistert. Es wurde deutlich, dass eine Mehrzahl nicht erwartet hatte, dass die Durchführung so reibungslos und zufrieden stellend funktionieren würde und dass die SchülerInnen von einigen Pflegekräften doch erheblich unterschätzt wurden.

Während der zweiwöchigen Projektdurchführung kam es zu kleineren Konflikten, die sowohl unter den SchülerInnen als auch zwischen Auszubildenden und Mitarbeitern anderer Berufsgruppen und mit einem Patienten ausgetragen wurden. Aber nicht nur Konflikte sondern auch der Umgang mit schwerwiegenden Krankheitsverläufen und die Begleitung von sterbenden Patienten brachten die Lernenden an ihre Belastungsgrenze. Um die SchülerInnen bei der Bewältigung dieser Ereignisse und Situationen zu unterstützen, wurden mit ihnen in der darauf folgenden Woche diese Begebenheiten, mit Hilfe des szenischen Spiels aufgearbeitet. *„Beim Handeln in vorgestellten Situationen und* *bei der szenischen Reflexion solcher Handlungen können erlebte, [...] Situationen in ihrer sozialen Dynamik, können innere und äußere Haltungen und Beziehungen der beteiligten Person aktiviert, erkundet und analysiert werden"* (Nitsch/Scheller 1997, S. 704), wodurch die sozialen und personalen Kompetenzen der Pflegekräfte gefördert werden. Für diese Lernform wurden die Verfahren von Körper- und Sprechübungen und die Durchführung von Rollengesprächen gewählt. Weiterhin wurden Standbilder erstellt sowie das Verfahren der Szenische Improvisation und Demonstration angewendet (vgl. Oelke/Scheller/Ruwe 2000, S. 47- 71).

Ende des Monats begannen die Reflexionsgespräche bezüglich des Projektes, die von einer Lehrkraft mit jedem einzelnen Auszubildenden in der Krankenpflegeschule geführt wurden. In diesen Gesprächen wurden das jeweilige Arbeitsverhalten, die Stärken und Schwächen reflektiert und analysiert.

Gemäß der Ausbildungs- und Prüfungsverordnung hat der Prüfling im praktischen Teil der Examensprüfung sein Pflegehandeln in einem Prüfungsgespräch zu erläutern, zu begründen sowie die Prüfungssituation zu reflektieren (vgl. KrPflAPrV 2003, § 15 Abs. 1 Satz 3). In diesem Gespräch hat der Geprüfte nachzuweisen, *„dass er in der Lage ist, die während der Ausbildung erworbenen Kompetenzen in der beruflichen Praxis anzuwenden sowie befähigt ist, die Aufgaben in der Gesundheits- und Krankenpflege [...] eigenverantwortlich auszuführen"* (KrPflAPrV 2003, § 15 Abs. 1 Satz 4).

Das Ziel der Reflexionsgespräche bestand somit darin, die SchülerInnen in ihrem weiteren Lernprozess unter anderem bezüglich ihrer Kompetenzentwicklung zu unterstützen und ihnen Entwicklungsmöglichkeiten aufzuzeigen. Weiterhin erhielten die Auszubildenden die Gelegenheit, den Ablauf eines derartigen Gespräches zu üben, um auch in diesem Kriterium optimal auf ihre bevorstehenden Prüfungen vorbereitet zu sein.

Um die Effizienz des Projektes für die Ausbildung zum/zur Gesundheits- und KrankenpflegerIn beurteilen zu können, wurde dieses im Anschluss an die Durchführung evaluiert. Mit dieser Evaluation, dessen Vorgehensweise, Durchführung und Ergebnisse im nächsten Kapitel beschrieben und erläutert werden, wurde das Projekt abgeschlossen.

4 Auswertung des Projektes „SchülerInnen leiten eine Station"

Nachdem das Projekt durchgeführt wurde, bestand das Bestreben darin, dieses auch zu bewerten. Dieser Arbeit liegen keine Evaluationsstudien zu Grunde. Derartige Projekte sind bereits mehrfach durchgeführt, in Fachzeitschriften vorgestellt und deren positive Effekte dargestellt worden (siehe Kapitel 2). Allerdings liegen von keinem dieser Projektdurchführungen veröffentlichte Evaluationsdaten vor.

Ziel dieser Evaluation ist die Effizienz des Projektes „SchülerInnen leiten eine Station" zu beurteilen, um eine Entscheidung darüber treffen zu können, ob dieses als fester Bestandteil in die Ausbildung zum/zur Gesundheits- und KrankenpflegerIn integriert werden kann. Für den Fall, dass diese Entscheidung positiv ausfällt, werden bei dieser Evaluation unter anderem die Vorbereitung und die Durchführung des Projektes beurteilt, um mit den gewonnenen Hinweisen der Befragten das Projekt bei einer nachfolgenden Durchführung zu optimieren.

In diesem Kapitel wird zum einen beschrieben, welche Art der Evaluation durchgeführt wurde. Zum anderen werden die Evaluationsfragen und das methodische Vorgehen der Befragung erläutert, bevor im letzen Abschnitt die Ergebnisse beschrieben, dargestellt und interpretiert werden.

4.1 Evaluation des Projektes

Der Begriff Evaluation umfasst eine große Vielfalt möglicher Verhaltensweisen. Es wird noch immer die Vorstellung assoziiert, dass mit dem Evaluationsbegriff eine Art Festsetzung des Wertes einer Sache zu verstehen sei (vgl. Wottawa/Thierau 1998, S. 13). SUCHMANN definierte 1967 den Begriff der Evaluation folgendermaßen: *„Evaluation (Bewertung): Prozess der Beurteilung des Wertes eines Produktes, Prozesses oder eines Programms [...]"* (zit. in Wottawa/Thierau 1998, S. 13).

Die Auswertung des Projektes „SchülerInnen leiten eine Station" wurde als Vollerhebung[15] mit Hilfe von drei mehrseitig strukturierten Fragebögen vorgenommen, die geschlossene Antwortmöglichkeiten vorgaben und quantitativ ausgewertet wurden.

---

[15] Bei einer Vollerhebung werden die Daten aller Elemente einer Grundgesamtheit erhoben (vgl. Schnell/Hill/Esser 2005, S. 267).

Dies bedeutete, dass sowohl sämtliche Patienten, SchülerInnen als auch ProjektbegleiterInnen[16], die am Projekt beteiligt waren, an der Befragung teilnahmen. Grundsätzlich besteht der Kurs, der das Projekt durchführte aus 16 Lernenden. Da eine Schülerin direkt vor dem Projekt erkrankte, konnte diese nicht am Projekt und somit auch nicht an der Auswertung teilnehmen. Weiterhin hätte dieser relativ kleine Ausbildungskurs die Schichtbesetzung während der zweiwöchigen Projektdauer personell nicht vollständig abdecken können. Aus diesem Grund wurden drei SchülerInnen des Mittelkurses, die zum Zeitpunkt der Projektdurchführung auf der ausgewählten Station eingesetzt waren, zur Unterstützung auf dieser Station belassen. Diese Auszubildenden nahmen nicht an der konkreten Projektvorbereitung teil, wurden aber über die Ergebnisse informiert. Während der Projektdurchführung waren sie durchgängig auf der Station eingesetzt, wurden als fester Bestandteil in das Team integriert und nahmen somit ebenfalls an der Projektauswertung teil.

Auf Grundlage der beschriebenen Tatsachen, ergab sich für die Auswertung der SchülerInnen eine Vollerhebung, die sich aus 18 Befragten zusammensetzte. Die ProjektbegleiterInnen waren mit 15 Mitarbeitern an der Befragung beteiligt, die sich aus vier Lehrkräften der Krankenpflegeschule und elf examinierten Pflegekräften zusammensetzten. Während der zweiwöchigen Projektdurchführung konnten 61 Fragebögen an die Patienten verteilt werden, die somit die personenstärkste Auswertungsgruppe bildete.

4.1.1 Art der Evaluation

Bei der Auswertung des Projektes handelte es sich um eine Evaluationsforschung. Diese Art der Evaluierung verfolgt drei eng miteinander verbundene Ziele. Zum einen das Ziel der Programmentwicklung, einschließlich der Konzeptualisierung und Ausarbeitung einer geplanten Intervention. Das Ziel der Begleitforschung im Sinne einer laufenden Überwachung der Umsetzung und Ausführung eines Programms und zum anderen das Ziel der Abschätzung von Programmwirkungen und Programmnutzen (vgl. Görres 1998, S. 200).

---

[16] Die ProjektbegleiterInnen setzten sich aus examinierten Pflegekräften und MitarbeiterInnen der Krankenpflegeschule zusammen.

Eine Evaluationsforschung kann sowohl formativ (gestaltend) als auch summativ (zusammenfassend) erfolgen. Die formative Evaluation ist die Evaluation eines Programms in der Test- oder Vorlaufphase. Im Vordergrund steht dabei die Entwicklung und nicht die Wirksamkeitsprüfung der geplanten Interventionsmaßnahme. Das zur Erprobung vorgesehene Verfahren wird auf seine Eignung bzw. Durchführbarkeit überprüft, wobei die Priorität auf die Bewertung des Programms und weniger auf dessen Ergebnisse ausgerichtet ist. Die Qualität bereits durchgeführter Programme und deren Effekte werden durch die summative Evaluation festgestellt und abschließend bewertet. Dabei wird Aufschluss über Wirkung, Effektivität und Nutzen eines Programms gegeben (vgl. Seipel/Rieker 2003, S. 100-102).

Bei der Evaluation dieses Projektes wurde eine **summative Evaluation** durchgeführt.

Zur retrospektiven Befragung der am Projekt beteiligten SchülerInnen, examinierten Pflegekräften, Lehrkräfte der Krankenpflegeschule und der Patienten wurde das Instrument des Fragebogens gewählt.

In der Forschung und speziell in der Pflegeforschung ist die schriftliche Befragung eine der gebräuchlichsten Methoden der Datenerhebung. Da ein Fragebogen theoriegeleitet, strukturiert und stark standardisiert ist, wird er in der **quantitativen Forschung**[17] zur Sammlung von quantitativem Datenmaterial eingesetzt (vgl. Mayer 2007, S. 105).

Der Einsatz der schriftlichen Befragung bietet einige Vorteile. Sie ist eine einfache Methode, um eine umfangreiche Anzahl von Daten effizient zu sammeln und diese zu vergleichen. Schriftliche Befragungen können zur gleichen Zeit an verschiedenen Orten durchgeführt werden, zudem sind die Kosten der Durchführung sehr gering. Außerdem ist eine anonyme Erhebung möglich, wodurch die Bereitschaft der Bearbeitung des Fragebogens steigt. Weiterhin ist der Standardisierungsgrad sehr hoch (vgl. ebd., S. 105). Allerdings beinhaltet diese Art der Evaluierung auch einige Nachteile. Zum einen ist kein persönlicher Kontakt zu den Befragten möglich, was unter anderem zur Folge hat, dass bei auftretenden Unklarheiten beim Ausfüllen des Fragebogens diese nicht geklärt werden können (vgl. ebd. S.106).

---

[17] Bei der quantitativen Forschung handelt es sich um einen Forschungsansatz , der theoriegeleitet ist und der sich standardisierter Erhebnungsmethoden und statistischer Auswertungsverfahren bedient. Dabei wird das Ziel verfolgt, möglichst objektive nummerische Daten zu produzieren und daraus allgemein gültige Aussagen abzuleiten (vgl. Mayer 2007, S. 197).

Eine standardisierte Befragung findet häufig mit Hilfe eines **Fragebogens** statt. Dabei wird in der Regel auf das System der geschlossenen Fragen zurückgegriffen, bei denen der Befragte aus einer Vorgabe von Antwortmöglichkeiten wählen kann (vgl. Stegmann/Schwab 2001, S. 45). Bei der Formulierung der Fragebögen ist zu beachten, dass der Befragte die Zielsetzung, Intention und Absicht des Fragestellers durch die gestellten Fragen erkennen kann und es dadurch zu einer indirekten Kommunikation kommt. Weiterhin ist zu bedenken, in welcher Situation der Befragte den Fragebogen ausfüllt, das heißt allein, in einer Gruppe, in welcher Umgebung usw. (vgl. Konrad 1999, S. 76). In diesem Zusammenhang ist nicht zuletzt die Sprache des Fragebogens entscheidend. *„[...] Wie versteht das Individuum eine Frage? Was wird durch die Sprache ausgelöst? Welche persönliche Bedeutung enthält ein bestimmter Begriff?"* (ebd. S. 76). Für das Formulieren von Fragen sollten einige Grundregeln hinsichtlich Wortwahl und Satzbau beachtet werden (vgl. für die folgenden Punkte Mayer 2007, S. 112).

- Die Formulierung von Fragen sollte klar und verständlich sein.
- Die Fragen sollten keine abstrakten Begriffe enthalten und möglichst konkret sein.
- Die Antworten der Fragen sollten eindeutig interpretiert werden können.
- Die Befragten sollen durch die Fragestellungen nicht überfordert werden.
- In einer Frage darf sich nicht nach zwei Dingen gleichzeitig erkundigt werden. Fragen müssen also eindimensional sein.
- Die Fragen sollten keine doppelten Verneinungen beinhalten.
- Suggestivfragen sollten nicht verwendet werden.

Für die Evaluation des Projektes wurden drei Fragebögen konstruiert. Ein Patientenfragebogen, ein SchülerInnenfragebogen und ein Fragebogen für die ProjektbegleiterInnen.

Für die Fragebögen, die aus geschlossenen Fragen bestehen, wurden für die Frage- und Antwortmöglichkeiten **Skalen** verwendet. Eine Skala ist ein Messsystem, auf dem die Ausprägung eines bestimmten Merkmals und die Intensität oder Häufigkeit von Werten, Meinungen, Gefühlen usw. gemessen wird. Hauptsächlich finden sie ihre Verwendung, um psychosoziale Variablen oder Einstellungen zu messen. Eine Skala besteht aus einer Reihe von Aussagen, die auch **Items** genannt werden, die den zu messenden Zustand oder die zu messenden Einstellung darstellen und die daraufhin anhand bestimmter Einheiten berechnet werden (vgl. Mayer 2007, S. 110).

Die in der empirischen Sozialforschung am häufigsten verwendete Skalierungsmethode wurde 1932 von LIKERT vorgeschlagen und als 'Methode der summierten Ratings' bezeichnet. Die mit dieser Methode konstruierten Ratingskalen[18] werden **Likert- Skalen** genannt. Die für die Konstruktion einer Likert-Skala gesammelten Items stellen Aussagen dar, von denen angenommen wird, dass sie die interessierenden Einstellungen wiedergeben (vgl. Schnell/Hill/Esser 2005, S. 187). Die Likert-Skala sieht fünf Antwortmöglichkeiten vor. Eine neutrale Kategorie bringt gelegentlich Probleme bei der Auswertung mit sich, da sie die am häufigsten gewählte Antwort ist (vgl. Sullivan-Bolyai/Grey 2005, S. 478) und nicht immer eindeutig interpretiert werden kann. Es besteht die Möglichkeit, in der Instruktion explizit darauf hinzuweisen, wie die mittlere Kategorie zu verstehen ist oder auf eine vierstufige Antwortskala auszuweichen (vgl. Bortz/Döring 2006, S. 224).

Um eine eher positive oder negative Entscheidung zu erzwingen, wurden für die Evaluation dieses Projektes nur vier Antwortmöglichkeiten vorgegeben (trifft voll zu; trifft eher zu; trifft weniger zu; trifft gar nicht zu).

Der Patientenfragebogen umfasste elf Fragen, die ausschließlich mit Hilfe der Likert-Skala erstellt wurden. Der SchülerInnenfragebogen enthielt 16 Fragen und der Fragebogen für die ProjektbegleiterInnen 14 Fragen. Auch diese beiden Fragenbögen beinhalteten die Likert-Skala, wobei die jeweils letzte Frage eine **Hybridfrage** darstellte. Dies ist eine Frage, bei der verschiedene Frage- und Antworttypen miteinander kombiniert werden (vgl. Mayer 2007, S.111).

---

[18] Eine Ratingskalen ist eine unterschiedlich etikettierte und abgestufte Darstellung einer Dimension, auf der Urteiler ihre Schätzurteile abgeben, indem sie den Skalenpunkt markieren, der dem Schätzurteil (eingeschätzte Merkmalsausprägung) am besten entspricht (vgl. Bortz/Döring 2006, S. 739).

4.1.2 Evaluationsfragen

Die Fragen der drei Fragebögen, die für die Evaluation des Projektes „SchülerInnen leiten eine Station" verwendet wurden, sind in die folgenden Kategorien eingeteilt:

1. Zufriedenheit mit dem Projekt
2. Belastung während des Projektes
3. Team- und Kooperationsfähigkeit der SchülerInnen
4. Organisationsfähigkeit der SchülerInnen
5. Pflegequalität
6. Lernerfolg der SchülerInnen

Das Ziel der Bildung von Kategorien bestand in der Vergleichbarkeit der Fragen der einzelnen Fragebögen. Das bedeutet, dass jede Kategorie sowohl aus der Sicht der SchülerInnen als auch aus der der Sicht der ProjektbegleiterInnen und der Patienten beurteilt wurde.

Nachfolgend werden die Fragen der einzelnen Kategorien erläutert und in einer jeweils anschließenden Tabelle dargestellt. In diesen sind die einzelnen Fragestellungen der Fragebögen zu ersehen. Weiterhin ist zu erkennen, ob es sich um eine einzelne Frage handelt oder ob eine Frage in jedem der drei Fragebögen auftritt und somit bei der Evaluation aus unterschiedlichen Perspektiven betrachtet werden konnte.

Die Kategorie **Zufriedenheit mit dem Projekt** umfasste fünf Fragen im SchülerInnen-, vier Fragen im ProjektbegleiterInnen- und drei Fragen im Patientenfragebogen. Bei den SchülerInnen- und ProjektbegleiterInnenfragebogen bezogen sich die Fragestellungen hauptsächlich auf die Vorbereitung, die Begleitung, den Projektablauf und die Effizienz des Projektes in Bezug auf den beruflichen Werdegang der Auszubildenden. Die Fragen nach der Vorbereitung, Durchführung und dem Verlauf des Projektes dienten der Optimierung der Konzeption für nachfolgende derartige Projekte. Die Frage nach dem Nutzen für den beruflichen Werdegang und die Fragen des Patientenfragebogens zielten auf das Erreichen der Zielsetzung (siehe Kapitel 3.1.1) des Projektes ab. Darüber hinaus wurde mit den Fragestellungen des Patientenfragebogens das Interesse verfolgt, die Fähigkeiten der SchülerInnen in Bezug auf ihre Fach-, Sozial- und Methodenkompetenz zu überprüfen.

Mit der Formulierung der jeweiligen ersten Frage der Fragebögen bestand das Bestreben, das Interesse der Befragten zu wecken, den Fragebogen zu bearbeiten und ihm somit die benötigte Zeit zu widmen.

Abb. 3: Zufriedenheit mit dem Projekt

SchülerInnenfragebogen	ProjektbegleiterInnenfragebogen	Patientenfragebogen
Frage 1: Die Durchführung einer Schulstation ist für meinen beruflichen Werdegang hilfreich.	**Frage 1:** Die Durchführung einer Schulstation ist für den beruflichen Werdegang der SchülerInnen hilfreich.	
Frage 2: Die Vorbereitung für das Projekt war für mich ausreichend.	**Frage 2:** Die Vorbereitung für das Projekt war für mich ausreichend.	
Frage 3: Die Begleitung des Projektes durch die examinierten Pflegekräfte der Station war angemessen.		
Frage 4: Die praktische Begleitung durch die Lehrkräfte der Schule war angemessen.		
	Frage 3: Die SchülerInnen waren ausreichend auf das Projekt vorbereitet.	
Frage 5: Mit dem Ablauf des Projektes bin ich zufrieden.	**Frage 4:** Mit dem Ablauf des Projektes bin ich zufrieden.	
		Frage 1: Das Pflegepersonal hat mich freundlich auf der Station aufgenommen.
		Frage 2: Meine Fragen bezüglich des Krankenhausaufenthaltes wurden von den Pflegekräften ausreichend beantwortet.
		Frage 3: Bei Problemen stand mir das Pflegepersonal hilfreich zur Seite.

In der Kategorie **Belastung während des Projektes** wurde insgesamt ermittelt, wie stark das Projekt als Belastung empfunden wurde. Konkret erfolgte dieses durch die Fragen, ob bei aufgetretenen Belastungen Hilfe für die Betroffenen zur Stelle war und ob durch bestehende Belastungen eigene Ansprüche (siehe Punkt 1 der Zielsetzung in Kapitel 3.1.1) trotzdem umgesetzt werden konnten. Weiterhin wurde die zeitliche Dauer des Projektes analysiert. War für den Einzelnen der Durchführungszeitraum zu lang und wurde somit als Belastung empfunden oder wäre zum Erreichen der Zielsetzung (siehe Kapitel 3.1.1) ein längerer Zeitraum angemessener gewesen. Außerdem wurde der Frage nach dem eigenen Befinden in der jeweiligen neuen Rolle nachgegangen, das hieß, ob die SchülerInnen und auch die ProjektbegleiterInnen sich in ihrer neuen Rolle wohl fühlten oder eher unwohl und diese somit als Belastung empfanden.

Die oberste Priorität während der Durchführung des Projektes erfuhr der Patient, dessen Gesundheit und Wohlbefinden immer im Mittelpunkt stand. Aus diesem Grund war es von erheblicher Wichtigkeit, dass sich die ProjektbegleiterInnen auf die Auszubildenden verlassen konnten. Die Lernenden sollten, wie von der Gesetzgebung gefordert (siehe Kapitel 1.2), eigenverantwortlich arbeiten, aber bei aufkommenden Schwierigkeiten die BegleiterInnen um Rat und Hilfe bitten, damit Unwissenheit und Ehrgeiz nicht auf Kosten der Patienten gingen. Da, wie bereits geschildert, der Genesungsprozess der Patienten stets im Vordergrund stand, durften diese das Projekt ebenfalls nicht als Belastung erleben, sondern mussten zu jeder Zeit das Gefühl und Empfinden erfahren, dass ihr Wohlbefinden sowie ihre Ängste und Probleme immer im zentralen Mittelpunkt standen.

Im weiteren Verlauf konnte mit den Fragestellungen in dieser Kategorie ebenfalls die Personalkompetenz der SchülerInnen überprüft werden. In der Ausbildung von professionell Pflegenden kommt unter anderem dieser Kompetenzförderung eine erhebliche Bedeutung zu. Sie soll die Auszubildenden dazu befähigen, eigene Belastungen zu erkennen, zu reflektieren und mit diesen umzugehen (vgl. Geppert 2005, S. 36).

Mit Hilfe der Fragestellungen des Patientenfragebogens bestand weiterhin die Möglichkeit, die Fach- und Sozialkompetenz der SchülerInnen zu beurteilen.

Um zu einer Bewertung der hier beschriebenen Punkte zu gelangen, beinhaltete der SchülerInnenfragebogen vier Fragen, der ProjektbegleiterInnenfragebogen drei Fragen und der Patientenfragebogen zwei Fragestellungen.

	Abb. 4 : Belastung während des Projektes	
SchülerInnenfragebogen	ProjektbegleiterInnenfragebogen	Patientenfragebogen
Frage 6: Während des Projektes habe ich mich in meiner Rolle wohl gefühlt.	**Frage 5:** Während des Projektes habe ich mich in meiner Rolle wohl gefühlt.	
Frage 7: Bei aufgetretenen Schwierigkeiten standen mir die „BegleiterInnen" des Projektes hilfreich zur Seite.		
Frage 8: Ich konnte eigenverantwortlich und selbstständig arbeiten.		
	Frage 6: Bei aufgetretenen Schwierigkeiten haben die SchülerInnen um Hilfe gebeten.	
		Frage 4: Ängste, die bei mir aufgetreten sind, wurden vom Pflegepersonal ernst genommen.
		Frage 5: Durch das Pflegepersonal wurde mir vermittelt, dass mein Wohlbefinden während des Krankenhausaufenthaltes wichtig war.
Frage 17: Die Durchführung des Projektes in einem Zeitrahmen von zwei Wochen war ausreichend. Für die Durchführung des Projektes im nächsten Jahr schlage ich folgenden Zeitrahmen vor.	**Frage 15:** Die Durchführung des Projektes in einem Zeitrahmen von zwei Wochen war ausreichend. Für die Durchführung des Projektes im nächsten Jahr schlage ich folgenden Zeitrahmen vor.	

Die Kategorie **Team- und Kooperationsfähigkeit der SchülerInnen** beinhaltete im SchülerInnen- und ProjektbegleiterInnenfragebogen jeweils drei und im

Patientenfragebogen zwei Fragen. In den Fragestellungen wurde die Zusammenarbeit der SchülerInnen untereinander, deren Zusammenarbeit mit den anderen Berufsgruppen[19] und das Betriebsklima auf Station während der Durchführung des Projektes beurteilt. Die Evaluation dieser Fragen bezog sich in erster Linie auf die Überprüfung der Zielsetzung für das Projekt (siehe Kapitel 3.1.1). Weiterhin wurde eruiert, ob die vom Krankenpflegegesetz geforderte Sozialkompetenz (vgl. KrPflG 2003, § 3 Abs. 1) bei den SchülerInnen durch das Projekt eine weitere Ausprägung erfuhr. Bei der Auswertung war ebenfalls die im Krankenpflegegesetz formulierte Zielsetzung zu beachten, dass die SchülerInnen interdisziplinär mit anderen Berufsgruppen zusammenarbeiten sollen (vgl. ebd. Abs. 2).

Abb. 5: Team- und Kooperationsfähigkeit der SchülerInnen		
SchülerInnenfragebogen	ProjektbegleiterInnenfragebogen	Patientenfragebogen
Frage 9: Die Zusammenarbeit mit den anderen Berufsgruppen empfand ich als angenehm.	**Frage 7:** Die Zusammenarbeit der SchülerInnen mit den anderen Berufsgruppen empfand ich als angenehm.	
Frage 10: Mit der Zusammenarbeit in unserem Kurs war ich zufrieden.		
	Frage 8: Die Zusammenarbeit der SchülerInnen war produktiv.	
		Frage 6: Das Stationspersonal arbeitete gut zusammen.
Frage 11: Das Betriebsklima auf der Station empfand ich als angenehm.	**Frage 9:** Das Betriebsklima auf der Station empfand ich als angenehm.	**Frage 7:** Das Betriebsklima auf der Station empfand ich als angenehm.

Für die Kategorie **Organisationsfähigkeit der SchülerInnen** befanden sich im SchülerInnen- und ProjektbegleiterInnen jeweils zwei Fragen und im Patientenfragebogen eine Frage. Bei der Projektvorbereitung wurde den SchülerInnen deutlich, dass sie in der

---

[19] Die anderen Berufsgruppen setzten sich aus Ärzten, Physiotherapeuten und Mitarbeitern aus dem Labor, dem Röntgen und den Untersuchungseinheiten zusammen.

Organisation und dem Tagesablauf einer Station noch erhebliche Defizite aufwiesen. Aus diesem Grund wurde im zweiten Punkt der Zielsetzung (siehe Kapitel 3.1.1) als eine Intention dieses Projektes die sichere Ausübung der Stationsorganisation und Administration formuliert. Weiterhin fordert der Gesetzgeber in § 3 des Krankenpflegegesetzes, dass die SchülerInnen dazu befähigt werden sollen, die „[…] *Erhebung und Festlegung des Pflegebedarfs, Planung, Organisation, Durchführung und Dokumentation der Pflege [...]*" (KrPflG 2003, Abs. 2) eigenverantwortlich auszuführen (vgl. ebd.). In der Zielsetzung des Gesetzes ist explizit die eigenverantwortliche Organisation formuliert, deren Erfolg oder Misserfolg bei der Durchführung des Projektes in dieser Kategorie nachgegangen wurde.

Abb. 6: Organisationsfähigkeit der SchülerInnen		
SchülerInnenfragebogen	ProjektbegleiterInnenfragebogen	Patientenfragebogen
Frage 12: Station und Untersuchungs-/ Behandlungseinheiten kooperierten gut miteinander.	**Frage 10:** Station und Untersuchungs-/ Behandlungseinheiten kooperierten gut miteinander.	**Frage 8:** Station und Untersuchungs-/ Behandlungseinheiten kooperierten gut miteinander.
Frage 13: Durch das Projekt habe ich Sicherheit im Tagesablauf einer Station bekommen.	**Frage 11:** Durch das Projekt haben die SchülerInnen Sicherheit im Tagesablauf einer Station bekommen	

In der Kategorie **Pflegequalität** ging es vor allem um das Erreichen der Zielsetzungen der SchülerInnen für dieses Projekt (siehe Kapitel 3.1.1). Die SchülerInnen formulierten als Ziel, die Zufriedenheit bzw. die qualitative Versorgung der Patienten zu gewährleisten. Für das Erreichen dieser Zielsetzung war es von erheblicher Bedeutung, dass die SchülerInnen über die dafür benötigten Kompetenzen verfügten (siehe Kapitel 1.3). Diese Kategorie wurde mit drei Fragen im Fragebogen hauptsächlich von den Patienten beurteilt. Im SchülerInnen- und ProjektbegleiterInnenfragebogen befanden sich jeweils zwei Fragen zu dieser Kategorie, in denen die Arbeitsweise der SchülerInnen und die pflegerische Versorgung der Patienten beurteilt wurden.

Abb. 7: Pflegequalität		
SchülerInnenfragebogen	ProjektbegleiterInnenfragebogen	Patientenfragebogen
		Frage 9: Die Pflegenden verfügten über ausreichende fachliche Kenntnisse.
		Frage 10: Durchgeführte Pflegetätigkeiten wurden mir vorher verständlich erklärt.
Frage 14: Meine Kolleginnen/ Kollegen arbeiteten sorgfältig und gewissenhaft.	**Frage 12:** Die SchülerInnen arbeiteten sorgfältig und gewissenhaft.	**Frage 11:** Das Pflegepersonal arbeitete sorgfältig und gewissenhaft.
Frage 15: Die Patienten waren pflegerisch gut versorgt.	**Frage 13:** Die Patienten waren pflegerisch gut versorgt.	

Die letzte Kategorie **Lernerfolg der SchülerInnen** konnte nur von den ProjektbegleiterInnen und den SchülerInnen selbst beurteilt werden, da die Patienten zu einer solchen Einschätzung nicht in der Lage waren bzw. dazu keine Möglichkeit hatten. Aus diesem Grund wurde im Patientenfragebogen keine Frage zu dieser Kategorie gestellt.

Sowohl im SchülerInnen- als auch im ProjektbegleiterInnenfragebogen befand sich hingegen eine Fragestellung mit jeweils 13 Unterpunkten (a-m), die in beiden Fragebögen identisch waren und somit auch direkt miteinander verglichen wurden. Der Lernerfolg der SchülerInnen wurde zum einen zur Feststellung der Effizienz dieses Projektes und zum anderen zur Überprüfung des Erreichens der Zielsetzung (siehe Kapitel 3.1.1) bewertet. Im vierten Punkt dieser Zielsetzug war die Vertiefung der vom Krankenpflegegesetz geforderten Kompetenzen formuliert. Um zu einer Bewertung dieses Punktes zu gelangen und zur Überprüfung der vom Krankenpflegegesetz geforderten Kompetenzentwicklung (vgl. KrPflG 2003, § 3 Abs. 1) waren die Unterpunkte den entsprechenden Kompetenzen zugeordnet, das in der nachfolgenden Tabelle unter dem Begriff Bemerkung zu ersehen ist.

Abb. 8: Lernerfolg der SchülerInnen		
SchülerInnenfragebogen	ProjektbegleiterInnenfragebogen	Bemerkung
Frage 16: Bei den im Folgenden aufgeführten Punkten habe ich durch das Projekt Sicherheit bekommen.	**Frage 14:** Bei den im Folgenden aufgeführten Punkten habe ich während des Projektes feststellen können, dass die SchülerInnen an Sicherheit gewonnen haben.	
a) Pflegehandlungen prozessorientiert planen und durchführen		→ Fachkompetenz
b) Psychisches und physisches Befinden beobachten und auf Veränderungen reagieren		→ Fachkompetenz
c) Pflegehandlungen und Beobachtungen vollständig dokumentieren		→ Fachkompetenz
d) Theoretische Kenntnisse in praktisches Handeln umsetzen		→ Fachkompetenz
e) Fachvokabular verstehen und situationsgerecht anwenden		→ Fachkompetenz
f) Ausführen von Anordnungen		→ Fach- und Methodenkompetenz
g) Anmeldung, Vor- und Nachbereitung von Untersuchungen		→ Fach- und Methodenkompetenz
h) Umgang mit dem PC		→Fach- und Methodenkompetenz
i) Kommunikation mit Patienten und Angehörigen		→ Sozialkompetenz
j) Mit anderen Berufsgruppen kooperieren		→ Sozialkompetenz
k) Mit Konflikten produktiv umgehen		→ Sozialkompetenz
l) Feedback geben und annehmen		→ Sozialkompetenz
m) Eigene Begabungen, Stärken und Schwächen erkennen		→ Personalkompetenz

Die entsprechenden Fragebögen der SchülerInnen, ProjektbegleiterInnen und der Patienten sind im Anhang ab Seite 109 zu ersehen. In dem folgenden Abschnitt wird das methodische Vorgehen bezüglich der Befragung dargestellt.

4.1.3 Methodisches Vorgehen

Im Anschluss an die Erstellung der Fragebögen wurde ein Vortest, der auch **Pretest**[20] genannt wird, durchgeführt. Das Ziel dieses Testes bestand zum einen darin, Fehlerquellen möglichst bereits im Vorfeld auszuschalten. Zum anderen sollte mit diesem Test das Erhebungsinstrument auf seine Anwendbarkeit und Vollständigkeit überprüft werden, um zu gewährleisten, dass die Fragebögen wissenschaftliche Messinstrumente darstellen, die für die entsprechende Zielgruppe einsetzbar sind (vgl. Bortz/Döring 2006, S. 356).

BORTZ/DÖRING empfehlen einen Vortest, der vorsieht, aus der Gruppe der Merkmalsträger eine bestimmte Anzahl zu befragen, die nicht an der Hauptuntersuchung teilnehmen soll. Da auf Grund der kleinen Anzahl von Merkmalsträgern (18 SchülerInnen, 15 ProjektbegleiterInnen uns 61 Patienten) eine Erhebung aller am Projekt Beteiligten durchgeführt werden sollte, war es in diesem Fall nicht möglich, einen Vortest im üblichen Sinne (vgl. ebd. S. 356) durchzuführen. Um die interne Validität[21] der Untersuchung nicht einzuschränken, wurden die Fragebögen daher Versuchspersonen vorgelegt, die nicht an der Hauptuntersuchung beteiligt waren.

Da der Fragebogen für die SchülerInnen besonders auf die Vollständigkeit der Fragen und auf die Verständlichkeit überprüft werden sollte, wurde der Vortest wie folgt durchgeführt: Im Rahmen der im Kapitel 1.4 aufgeführten „Drei-Tages Anleitung", in der jeder Auszubildende über drei Tage von PraxisanleiterInnen, die als feste Teammitglieder in der Krankenpflegeschule integriert sind, in der Praxis angeleitet wurde, erhielten fünf beteiligte SchülerInnen zwischen Januar und Februar 2007 in etwas abgewandelter Form den erstellten Fragebogen. Die in den drei Tagen von den SchülerInnen betreuten

---

[20] Bei einem **Pretest** wird die Verständlichkeit und die Handhabbarkeit eines Instruments überprüft oder die Durchführung eines Vorgehens wird gestestet, bevor dieses bei der Untersuchung eingesetzt wird (vgl. Mayer 2007, S. 200).

[21] Die **Validität** ist als ein Gütekriterium der quantitativen Forschung zu verstehen, welches das Ausmaß anzeigt, indem ein Messinstrument das misst, was es messen soll (vgl. Mayer 2007, S. 199).

Patienten und die begleitenden PraxisanleiterInnen erhielten ebenfalls den für sie zutreffenden minimal abgewandelten Fragebogen.

Im Anschluss an den Test wurden gemeinsam mit den Probanden missverständliche Formulierungen geändert. Die Items wurden, soweit es möglich war, thematisch sortiert (siehe Kapitel 4.1.2). Darüber hinaus wurde die Antwortmöglichkeit „teils - teils" weiterhin ausgelassen und die Skaleneinteilung auf dem gleichen geraden Wertebereich (von 1 – 4) belassen, um die Auswertbarkeit der Daten zu steigern.

An den Anfang des Patienten- und ProjektbegleiterInnenfragebogens wurde ein **Einleitungstext** gesetzt, in dem die Befragten über das zentrale Anliegen bzw. die Zielsetzung der Befragung informiert wurden. Durch einen derartigen Vorspann kann die Motivation der Befragten zum Ausfüllen des Fragebogens erhöht werden und gleichzeitig vermieden werden, dass Messfehler in Folge eines oberflächlichen, lustlosen Ausfüllens auftreten (vgl. Oelke 1998, S. 235). Weiterhin wurden die ProjektbegleiterInnen in einem Informationsgespräch über Sinn und Zweck dieser Befragung aufgeklärt.

Die **Durchführung** der Befragung erfolgte bei den Patienten während des Projektes. Die SchülerInnen informierten die Patienten bei ihrer Aufnahme über das Projekt und händigten ihnen auf diesem Weg den Fragebogen aus. Durch den Einleitungstext auf diesen Bögen wurden die Patienten nochmals über Sinn und Zweck dieser Befragung informiert. Für die anonyme Abgabe der Fragebögen stand den Patienten ein gut gekennzeichneter Briefkasten zur Verfügung, der sich auf der Station befand. Die ProjektbegleiterInnen erhielten den Fragebogen direkt nach Ablauf des Projektes und warfen diesen ebenfalls in den Briefkasten. Am Montag nach Projektabschluss füllten die SchülerInnen den Fragebogen in der Schule aus. Dabei wurde darauf geachtet, dass genügend Zeit zur Verfügung stand, ihn jeder für sich allein ausfüllte und dieses ebenfalls anonym geschah.

Die aus allen drei Fragebögen enthaltenen Daten wurden im Anschluss an die Befragung ausgewertet und werden im Folgenden dargestellt. Zur Unterstützung werden Tabellen und Grafiken genutzt, die ausschließlich von mir selbst erstellt wurden.

4.2 Ergebnisse der durchgeführten Befragung

Als Stichtag für die Auswertung der Fragebögen wurde der 01.04.2007 festgesetzt. Dieser Termin wurde bereits während der Projektplanung festgelegt und war somit allen Beteiligten bekannt. Die **Rücklaufquote**, aufgeteilt auf die einzelnen Bereiche der ProjektteilnehmerInnen, ist der nachfolgenden Grafik (Abbildung 9) zu entnehmen.

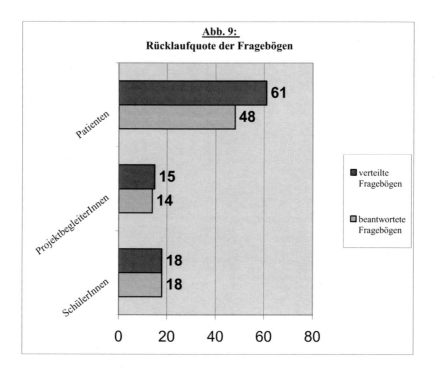

Die Beteiligung an der Befragung lag bei den Patienten bei 79%, bei den ProjektbegleiterInnen bei 93% und bei den SchülerInnen bei 100%. Ausgehend von der bei einer schriftlichen Befragung durchschnittlichen Rücklaufquote von 20% bewegen sich die erreichten Zahlen weit über der zu erwarteten Größenordnung.

Im Folgenden werden die Ergebnisse der einzelnen Fragenkategorien vor- und zum Teil grafisch dargestellt.

4.2.1 Zufriedenheit mit dem Projekt

In der Eingangsfrage des SchülerInnen- und ProjektbegleiterInnenfragebogens wurde beantwortet, ob die **Durchführung einer Schulstation hilfreich für den beruflichen Werdegang der SchülerInnen** sei. Wie in Abbildung 10 zu ersehen, war die Beantwortung sehr eindeutig und vorwiegend im vordersten Bereich angesiedelt.

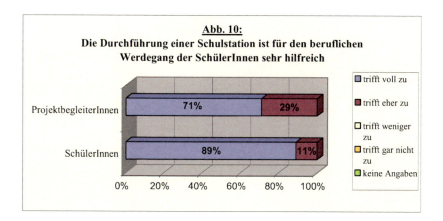

Abb. 10:
Die Durchführung einer Schulstation ist für den beruflichen Werdegang der SchülerInnen sehr hilfreich

Eine Zielsetzung der SchülerInnen (siehe Kapitel 3.1.1) bestand darin, durch das Projekt eine gute Voraussetzung für den Berufsalltag nach dem Erlangen des Examens zu schaffen, die diesem Ergebnis zu Folge ebenfalls erfüllt wurde.

In dieser Kategorie fand weiterhin die **Vorbereitung** auf das Projekt ihre Bewertung. Bei den ProjektbegleiterInnen empfanden 86% die SchülerInnen als voll ausreichend und 14% empfanden sie als eher ausreichend auf das Projekt vorbereitet. Dieses Ergebnis spiegelte sich auch in der folgenden Fragestellung wider, deren Auswertung in Abbildung 11 zu ersehen ist.

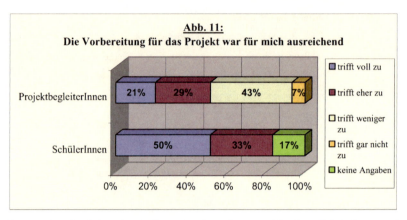

Abb. 11:
Die Vorbereitung für das Projekt war für mich ausreichend

Es wurde deutlich, dass die überwiegende Anzahl der SchülerInnen die Projektvorbereitung als ausreichend empfand.

Bei den ProjektbegleiterInnen spiegelte das Ergebnis eher eine geteilte Meinung wider. Die eine Hälfte bewegte sich im ausreichend vorbereiteten und die andere im negativen Bereich oder gab keine Antwort.

Obwohl einige der Befragten mit der Vorbereitung auf das Projekt nicht ganz zufrieden waren, wirkte sich dieses, wie in Abbildung 12 dargestellt, nicht auf die **Zufriedenheit mit dem Ablauf** des Projektes aus.

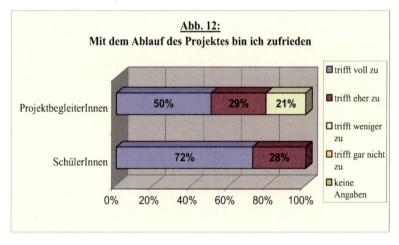

Abb. 12:
Mit dem Ablauf des Projektes bin ich zufrieden

Die SchülerInnen wünschten sich für das Projekt Unterstützung und eine gute Begleitung vom examinierten Pflegepersonal und den Projektbegleitern aus der Schule. Wie aus der nachfolgenden Abbildung ersichtlich wird, waren die SchülerInnen mit der **Begleitung** durch die Lehrkräfte der Schule sehr zufrieden. Bei der Begleitung durch das examinierte Pflegepersonal teilte sich die Meinung. Knapp ein Drittel der Auszubildenden empfanden diese Begleitung nicht angemessen oder machten keine Angaben.

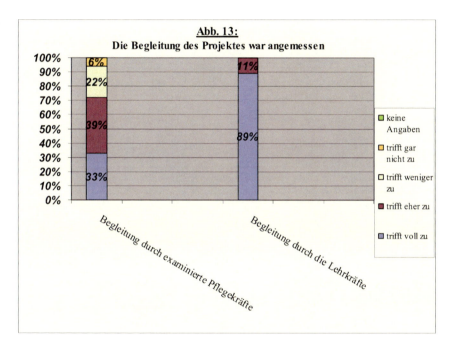

Die Ergebnisse der Patientenbefragung zu dieser Kategorie machten deutlich, dass diese vorwiegend mit der Durchführung des Projektes zufrieden waren.

Wie aus Abbildung 14 zu ersehen, wurde der überwiegende Teil der Patienten von den SchülerInnen freundlich auf der **Station aufgenommen**. Lediglich zwei Patienten empfanden ihre Aufnahme als nicht zufrieden stellend.

Skalen-wert	Kommentar	Patienten Gesamt	
		48	100%
1	trifft voll zu	37	77%
2	trifft eher zu	6	13%
3	trifft weniger zu	1	2%
4	trifft gar nicht zu	1	2%
5	keine Angaben	3	6%
Mittelwert[22]		1,24	

Abb. 14: Das Pflegepersonal hat mich freundlich auf der Station aufgenommen

Die überwiegende Anzahl der Patienten bekamen ihre **Fragen bezüglich des Krankenhausaufenthaltes** ausreichend beantwortet. Allerdings waren, wie in nachfolgender Abbildung ersichtlich wird, 10% der Befragten mit der Beantwortung ihrer Fragen eher weniger zufrieden.

Skalen-wert	Kommentar	Patienten Gesamt	
		48	100%
1	trifft voll zu	33	69%
2	trifft eher zu	9	19%
3	trifft weniger zu	5	10%
4	trifft gar nicht zu	0	0%
5	keine Angaben	1	2%
Mittelwert		1,4	

Abb. 15: Meine Fragen bezüglich des Krankenhausaufenthaltes wurden von den
Pflegekräften ausreichend beantwortet

Bezüglich der Zufriedenheit der Patienten wurde ebenfalls untersucht, ob das Pflegepersonal den Patienten bei aufgetretenen **Problemen** hilfreich zur Seite stand. Das Ergebnis dieser Untersuchung ist der Abbildung 16 zu entnehmen.

Skalen-wert	Kommentar	Patienten Gesamt	
		48	100%
1	trifft voll zu	14	29%
2	trifft eher zu	17	35%
3	trifft weniger zu	6	13%
4	trifft gar nicht zu	0	0%
5	keine Angaben	11	23%
Mittelwert		1,78	

Abb. 16: Bei aufgetretenen Problemen stand mir das Pflegepersonal hilfreich zur Seite.

---

[22] Der Mittelwert (arithmetisches Mittel) ist ein Maß der zentralen Tendenz. Es handelt sich dabei um die Summe der Merkmalswerte, geteilt durch die Zahl der Merkmalswerte (vgl. Mayer 2007, S. 195).

4.2.2 Belastung während des Projektes

In dieser Kategorie wurde als erstes der Frage nachgegangen, ob sich die SchülerInnen und die ProjektbegleiterInnen in ihrer ʹneuenʹ Rolle wohl fühlten. Wie in Abbildung 17 ersichtlich wird, traf dies auf den überwiegenden Anteil der SchülerInnen zu. Allerdings spiegelte das Ergebnis der ProjektbegleiterInnen eine eher differenzierte Meinung wider. Etwas mehr als die Hälfte konnten mit ihrer neuen Rolle gut umgehen. Hingegen hatten etwas weniger als die Hälfte Schwierigkeiten mit ihrem neuen Rollenverständnis.

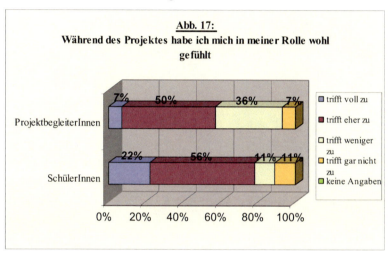

Abb. 17:
Während des Projektes habe ich mich in meiner Rolle wohl gefühlt

Wie im dritten Kapitel beschrieben, wurde ein derartiges Projekt bereits durch andere Krankenpflegeschulen durchgeführt. Es kristallisierte sich heraus, dass dabei unterschiedliche **Zeitrahmen** genutzt wurden, die in einer Spanne von fünf Tagen bis zu fünf Wochen lagen. Das Projekt „SchülerInnen leiten eine Station" wurde in einem Zeitrahmen von zwei Wochen durchgeführt. Aufgrund dieser Tatsache wurde in der Fragestellung bezüglich des Zeitrahmens der Frage nachgegangen, ob für die SchülerInnen und ProjektbegleiterInnen der Durchführungszeitraum von zwei Wochen angemessen war. Im Hintergrund dieser Fragestellung stand die Überlegung, ob in diesem Zeitraum die Auszubildenden die Zielsetzungen des Projektes erfüllen konnten, dieser Zeitraum dafür eher zu kurz war oder im Gegenteil als zu lang angesehen wurde und somit eher als Belastung für die Beteiligten gewertet werden muss.

In Abbildung 18 ist deutlich zu ersehen, dass vor allem den SchülerInnen der Zeitrahmen von zwei Wochen nicht angemessen erschien.

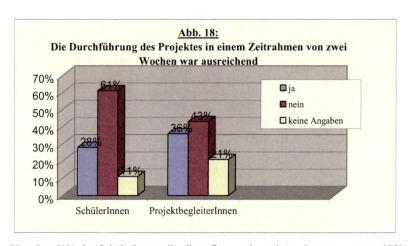

Abb. 18:
Die Durchführung des Projektes in einem Zeitrahmen von zwei Wochen war ausreichend

Von den 61% der SchülerInnen, die diese Frage mit „nein" ankreuzten, waren 100% (absolut 11) der Meinung, dass der Zeitraum zu kurz war. Weiterhin bestand die einstimmige Meinung, dass der Durchführungszeitraum auf drei Wochen ausgedehnt werden sollte. Von den 43% der ProjektbegleiterInnen, die auf diese Frage mit „nein" antworteten, waren 17% (absolut 1) der Meinung, dass eine Woche ausreichend gewesen wäre, 66% (absolut 4) waren der Meinung, dass drei Wochen Projektdurchführung optimal gewesen wären und weitere 17% (absolut 1) wünschten sich eine Durchführung in einem fünfwöchigen Zeitraum.

Um die Belastung für die SchülerInnen so gering wie möglich zu halten, war es wichtig, dass die ProjektbegleiterInnen den Lernenden bei aufgetretenen Schwierigkeiten hilfreich zur Seite standen. Mit der **Hilfestellung** waren 50% der SchülerInnen sehr zufrieden, 33% zufrieden, 11% empfand die Hilfestellung als nicht ausreichend und 6% waren mit der Hilfestellung überhaupt nicht zufrieden.

Das erste Ziel der formulierten Zielsetzung der SchülerInnen (siehe Kapitel 3.1.1) bestand in dem **eigenverantwortlichen Arbeiten**, um auf diese Weise eine gute Voraussetzung für den Berufsalltag nach dem Erlangen des Examens zu schaffen. Allerdings bestand die Gefahr, dass aufgrund des immensen Arbeitsaufwandes und Zeitdrucks während der Durchführung dieses Projektes, die SchülerInnen dieser Anforderung an sich selbst nicht vollkommen gewachsen waren und diese Zielsetzung von ihnen daher eher als Belastung empfunden wurde. Auf Grundlage der geschilderten Überlegungen wurde bei den Auszubildenden dieser Fragestellung nachgegangen. Wie in der folgenden Abbildung zu ersehen, konnten über die Hälfte der SchülerInnen weitgehend eigenverantwortlich und selbstständig arbeiten. Lediglich bei drei Lernenden war dieses eher nicht der Fall.

Skalen-wert	Kommentar	SchülerInnen Gesamt	
		18	100%
1	trifft voll zu	8	44%
2	trifft eher zu	3	17%
3	trifft weniger zu	3	17%
4	trifft gar nicht zu	0	0%
5	keine Angaben	4	22%
	Mittelwert	1,64	

Abb. 19: Ich konnte eigenverantwortlich und selbstständig arbeiten.

Für die ProjektbegleiterInnen war es von erheblicher Bedeutung, dass sie sich auf die SchülerInnen verlassen konnten. Es war wichtig, dass diese bei **aufkommenden Schwierigkeiten die BegleiterInnen um Hilfe baten.** Schließlich stand das Wohlergehen der Patienten während des gesamten Projektes im Mittelpunkt. Die ProjektbegleiterInnen beantworteten diese Frage vorwiegend im positiven Bereich. Lediglich 28% der Befragten waren der Meinung, dass die SchülerInnen eher nicht um Hilfe gebeten haben. Demgegenüber waren jeweils 36% der Meinung, dass die SchülerInnen bei aufgetretenen Schwierigkeiten immer bzw. vorrangig um Hilfe baten.

Wie bereits mehrfach erwähnt, standen das Wohlbefinden und der Genesungsprozess der Patienten stets im Vordergrund des Projektes. Diese mussten ihren Bedürfnissen entsprechend versorgt und betreut werden. Das Projekt durfte für sie auf keinen Fall als Belastung angesehen werden, da dieses für ihren Genesungsprozess nicht förderlich gewesen wäre. Die Fragestellung, ob **Ängste**, die bei den Patienten auftraten, vom Pflegepersonal ernst genommen wurden, beantworteten diese unterschiedlich.

29% der Patienten (absolut 14) fühlten sich in Bezug auf ihre Ängste vom Pflegepersonal in vollem Umfang ernst genommen, 33% (absolut 16) fühlten sich eher ernst genommen. Dagegen fühlten sich 15% (absolut 7) eher nicht und 4% (absolut 2) gar nicht ernst genommen. Eine Anzahl von 19% der Patienten (absolut 9) konnte zu dieser Frage keine Angaben machen.

90% der Patienten hatten das Gefühl, dass ihr **Wohlbefinden während des Krankenhausaufenthaltes** dem Pflegepersonal wichtig war. Bei 6% traf dieses eher nicht oder überhaupt nicht zu und 4% machten keine Angaben. Dieses ist ein sehr geringer negativer Prozentsatz. Allerdings bedarf es der weiteren Überlegung und Nachforschung, wodurch dieser Prozentsatz entstanden war und wie dieser zukünftig weiter minimiert werden kann.

4.2.3 Team- und Kooperationsfähigkeit der SchülerInnen

Die Ergebnisse in dieser Kategorie wurden in zwei Sichtweisen unterteilt. Die Erste spiegelte die Zusammenarbeit der SchülerInnen untereinander und mit den anderen Berufsgruppen und die Zweite das Betriebsklima auf der Station zurzeit der Projektdurchführung wider.

Mit der **Zusammenarbeit in ihrem Kurs** waren 33% der Auszubildenden voll zufrieden, 44% eher zufrieden, 6% weniger zufrieden und 17% gaben auf diese Fragestellung keine Antwort. Bei den ProjektbegleiterInnen ergab sich ein ähnliches Bild wie bei den Auszubildenden. Aus diesem ging hervor, dass 14% die Zusammenarbeit der SchülerInnen als produktiv, 79% als eher produktiv und 7% als weniger produktiv beurteilten.

In einer konkreten Fragestellung des SchülerInnen- und des ProjektbegleiterInnenfragebogens wurde der Frage nach der **Zusammenarbeit der SchülerInnen mit den anderen Berufsgruppen** nachgegangen. Wie aus der Abbildung 20 ersichtlich wird, empfanden die ProjektbegleiterInnen diese Zusammenarbeit wesentlich angenehmer als die SchülerInnen selbst.

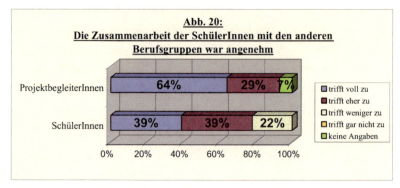

Abb. 20:
Die Zusammenarbeit der SchülerInnen mit den anderen Berufsgruppen war angenehm

In dieser Kategorie war unter anderem die Meinung der Patienten von erheblicher Bedeutung und darf unter keinen Umständen unberücksichtigt bleiben. Es wurde deutlich, dass 58% der Patienten (absolut 28) der Auffassung waren, dass das Stationspersonal gut zusammenarbeitete. Weitere 23% (absolut 11) beurteilten die **Zusammenarbeit** als eher gut. Diesen Angaben standen 13% der Befragten (absolut 6) gegenüber, die die Zusammenarbeit als weniger gut einstuften und 2% (absolut 1), die die Zusammenarbeit als gar nicht gut einstuften. Die übrigen 4% (absolut 2) gaben zu dieser Frage keine Angabe.

Neben der Zusammenarbeit untereinander ist ein angenehmes **Betriebsklima** auf einer Station für alle Beteiligten von erheblicher Bedeutung und Wichtigkeit. Aus der folgenden Grafik ist die Beurteilung des Betriebsklimas während der Durchführung des Projektes zu ersehen, dass vorwiegend positiv beurteilt wurde.

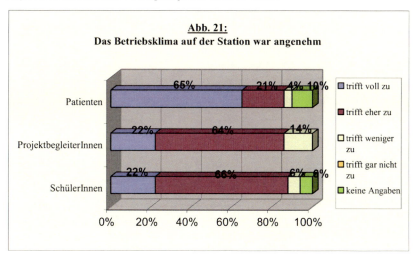

Abb. 21:
Das Betriebsklima auf der Station war angenehm

4.2.4 Organisationsfähigkeit der SchülerInnen

Die Mehrzahl der SchülerInnen hatte während dieses Projektes zum ersten Mal die Gelegenheit, organisatorische Aufgaben wahrzunehmen. Aus diesem Grund war, wie in Abbildung 22 ersichtlich wird, das Ergebnis dieser Kategorie insgesamt als sehr positiv zu bewerten.

Allerdings waren 18% der Patienten mit der **Kooperation zwischen der Station und den Untersuchungs-/ Behandlungseinheiten** nicht zufrieden. Interessant wäre hier, durch weitere Befragungen herauszufinden, wodurch diese Unzufriedenheit begründet war, um als nachfolgendes Ziel diese Prozentzahl zu minimieren.

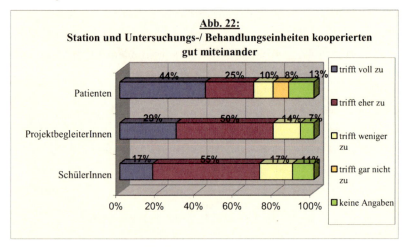

Herausragend und zugleich bemerkenswert wurde die Frage nach dem Zuwachs an **Sicherheit im Stationsablauf** beantwortet. Wie in nachfolgender Abbildung deutlich wird, stimmten bei diesem Punkt sowohl die SchülerInnen als auch die ProjektbegleiterInnen einem Zuwachs an Sicherheit zu.

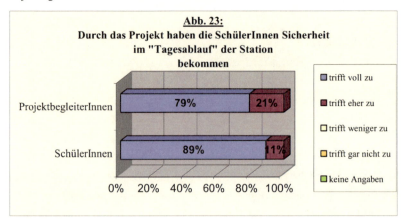

4.2.5 Pflegequalität

Da während des gesamten Projektes das Wohlergehen der Patienten im Vordergrund stand, waren die Ergebnisse dieser Kategorie für alle Beteiligten sehr wichtig. Hier kamen vor allem die Ergebnisse der Patientenfragebögen zum Tragen.

Aus der Abbildung 24 geht hervor, dass die SchülerInnen während des Projektes weitgehend **sorgfältig und gewissenhaft** arbeiteten.

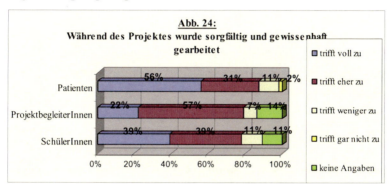

Ebenfalls wurde die **pflegerische Versorgung der Patienten** vorwiegend positiv bewertet. Die Anzahl von 29% der ProjektbegleiterInnen beurteilten die Versorgung mit gut, 50% mit eher gut, 7% mit weniger gut und 14% machten keine Angaben. Das Empfinden der SchülerInnen war mit diesem Ergebnis fast identisch, da 55% von ihnen die pflegerische Vorsorgung mit gut, 33% mit eher gut und 6% die Versorgung mit weniger gut beurteilten. Weitere 6% konnten oder wollten zu dieser Frage keine Angaben machen.

Die Ergebnisse des Patientenfragebogens zu dieser Kategorie waren ebenfalls eher im positiven Antwortbereich angesiedelt. Die Beurteilung der **fachlichen Kenntnisse** der SchülerInnen ist in folgender Abbildung dargestellt.

Skalen-wert	Kommentar	Patienten Gesamt	
		48	**100%**
1	trifft voll zu	25	52%
2	trifft eher zu	17	36%
3	trifft weniger zu	3	6%
4	trifft gar nicht zu	0	0%
5	keine Angaben	3	6%
Mittelwert		1,51	

Abb. 25: Die Pflegenden verfügen über ausreichende fachliche Kenntnisse.

Weiterhin empfanden 77% der Patienten, dass ihnen durchgeführte **Pflegetätigkeiten** vorher **verständlich erklärt** wurden und 17% waren der Meinung, dass sie eine Erklärung größtenteils erhielten. Lediglich 6% waren mit der vorherigen Aufklärung bezüglich durchgeführter Pflegetätigkeit eher weniger zufrieden.

4.2.6 Lernerfolg der SchülerInnen

Diese Kategorie wurde ausschließlich von den SchülerInnen selbst und den ProjektbegleiterInnen beantwortet. Die zentrale Fragestellung lautete, ob die SchülerInnen bei den im Fragebogen aufgeführten Punkten (a bis m) während des Projektes sicherer geworden waren.

Sowohl die SchülerInnen (100%) als auch die ProjektbegleiterInnen (97%) sahen während des Projektes einen deutlichen Zuwachs an Sicherheit in der **prozessorientierten Planung und Durchführung von Pflegehandlungen**. Lediglich 7% der ProjektbegleiterInnen sahen sich nicht in der Lage, dieses einzuschätzen.

Bei der Frage nach der **Beobachtung des Patientenbefindens** wurde von den Beteiligten ebenfalls ein Zuwachs an Sicherheit festgestellt. Aus Abbildung 26 wird ersichtlich, dass lediglich 22% der SchülerInnen (absolut 4) und 7% der ProjektbegleiterInnen (absolut 1) dieses eher nicht feststellten.

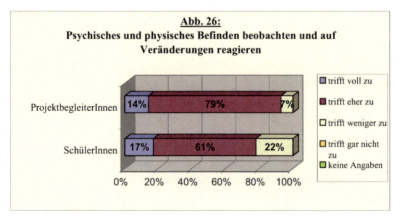

Abb. 26:
Psychisches und physisches Befinden beobachten und auf Veränderungen reagieren

Die Angaben der Befragten zu der **vollständigen Beobachtung und Dokumentation von Pflegehandlungen** zeichneten sich vor allem durch die positive Bewertung der ProjektbegleiterInnen aus. Wie in nachfolgender Abbildung dargestellt, traf eine positive Bewertung bei 28% der SchülerInnen eher nicht zu.

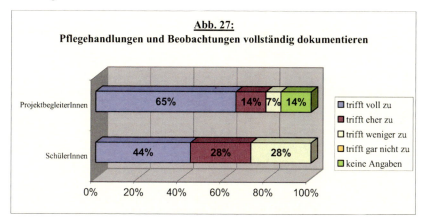

Abb. 27:
Pflegehandlungen und Beobachtungen vollständig dokumentieren

Die Frage nach dem Sicherheitszuwachs bei der **Umsetzung von theoretischen Kenntnissen in praktisches Handeln** wurde von 72% der ProjektbegleiterInnen nicht beantwortet. Die 28% der Befragten, die zu dieser Frage eine Angabe tätigten, waren allerdings der Meinung, dass ein Sicherheitszuwachs in diesem Punkt zutreffend war. Die SchülerInnen waren sich in diesem Punkt fast einig, da 94% von ihnen angaben, erhebliche Sicherheit bei der Umsetzung von theoretischen Kenntnissen bekommen zu haben und 6% ihren Sicherheitszuwachs als eher zutreffend einstuften.

Den Zuwachs im **Umgang mit Fachvokabular** beurteilten 79% der ProjektbegleiterInnen (absolut 11) mit voll zutreffend und 14% (absolut 2) mit zutreffend. Die verbleibenden 7% machten zu dieser Frage keine Angaben. Die SchülerInnen hingegen waren der Auffassung, dass sie im Verstehen und situationsgerechten Anwenden von Fachvokabular einen nicht so erheblichen Lernzuwachs erfuhren. Lediglich 28% (absolut 5) gaben an, dass ein Sicherheitszuwachs voll zutreffend war und für 38% der Befragten (absolut 7) war dieses eher zutreffend. Für 22% der SchülerInnen (absolut 4) traf dieser Zuwachs weniger und bei 6% sogar überhaupt nicht zu. Auch hier gab es 6%, die keine Angaben machten.

Bei der **Ausführung von Anordnungen** wurde sowohl durch die SchülerInnen selbst als aus auch von den ProjektbegleiterInnen ein erheblicher Zuwachs an Sicherheit festgestellt. Allerdings war festzuhalten, dass die ProjektbegleiterInnen diesen Zuwachs höher einschätzten, als die SchülerInnen selbst. Während 86% der ProjektbegleiterInnen der Meinung waren, dass dies voll zutreffend bzw. eher zutreffend (14%) war, beurteilten lediglich die Hälfte der SchülerInnen dieses mit voll zutreffend, 33% mit eher zutreffend und 17% machten keine Angaben.

Bei der Fragestellung, ob die SchülerInnen sicherer bei der **Anmeldung, Vor- und Nachbereitung von Untersuchungen** geworden waren, antworteten 100% der SchülerInnen, dass dieses voll zutraf. Bei den ProjektbegleiterInnen waren 79% ebenfalls dieser Meinung und 21% waren der Auffassung, dass dieses eher zutreffend war. Somit bewegten sich alle Antworten auf diese Frage im positiven Bereich.

Das Ergebnis bezüglich der Sicherheit im **Umgang mit dem PC** ergab hingegen kein eindeutiges Bild.

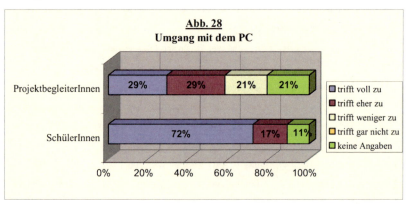

Wie in der Abbildung 29 zu ersehen ist, waren die Befragten der Meinung, dass die SchülerInnen während der Projektdurchführung Sicherheit in der **Kommunikation mit Patienten und Angehörigen** gewonnen haben.

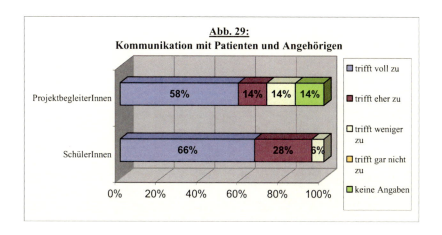

Abb. 29:
Kommunikation mit Patienten und Angehörigen

Weiterhin fiel es durch die Durchführung des Projektes allen befragten SchülerInnen (100%) leichter **mit anderen Berufsgruppen zu kooperieren.** Bei den ProjektbegleiterInnen stellten dies ebenfalls 65% fest. Allerdings waren bei ihnen 14% der Auffasung, dass dieses weniger und 7% waren der Meinung, dass dieses gar nicht zutreffend war. Weitere 14% machten keine Angaben.

Die Auswertung der Fragestellung zum produktiven **Umgang mit Konflikten** bei den SchülerInnen ist in folgender Abbildung zu ersehen. Vorrangig war festzustellen, dass dabei knapp die Hälfte der Befragten keine Angaben vollzogen.

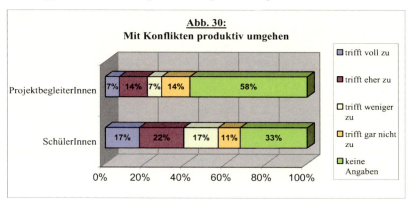

Abb. 30:
Mit Konflikten produktiv umgehen

Ein ähnliches Bild zeigt sich in Abbildung 31, die den Sicherheitszuwachs der SchülerInnen in Bezug auf **Feedback geben und annehmen** veranschaulicht.

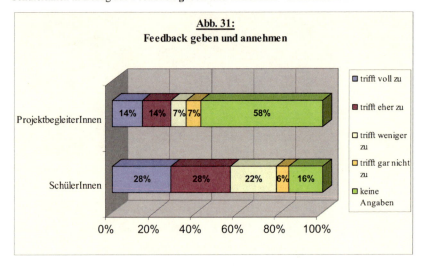

Die letzte Frage in dieser Kategorie bezog sich auf den Sicherheitszuwachs der SchülerInnen bezüglich des **Erkennens der eigenen Stärken und Schwächen**.

65% der ProjektbegleiterInnen (absolut 9) konnten dazu keine Angaben machen. 14% (absolut 2) waren der Auffassung, dass dieses eher nicht zutreffend war und die Anzahl von 21% (absolut 3) war der Meinung, dass die SchülerInnen sich bezüglich ihrer Stärken und Schwächen durch das Projekt besser einschätzen konnten.

Die Antworten der SchülerInnen hingegen spiegelten eine andere Meinung wider. Bei ihnen waren es lediglich 11%, die keine Angabe zu dieser Frage tätigten, 6% waren der Meinung, dass der Zuwachs weniger zutreffend war, 22% stimmten dem eher zu und 61% waren der Auffassung, dass sie ihre Stärken und Schwächen durch die Projektdurchführung wesentlich besser erkennen konnten.

4.2.7 Zusammenfassung und Interpretation der Ergebnisse

Bei der durchgeführten Befragung wurde insgesamt eine sehr hohe **Rücklaufquote** verzeichnet. Diese könnte damit begründet werden, dass alle ProjektteilnehmerInnen ausreichend über die Notwendigkeit dieser Maßnahme informiert waren. Von allen befragten SchülerInnen wurde der Fragebogen ausgefüllt zurückgegeben. Dieses geschah aufgrund der Tatsache, dass dieser von den Auszubildenden während des Reflexionstages ausgefüllt wurde, der direkt am Montag nach Projektabschluss stattfand.

Die erste Kategorie der Projektauswertung beinhaltete die **Zufriedenheit** aller Beteiligten mit dem Projekt. Bei den Ergebnissen wurde deutlich, dass die Durchführung dieses Projektes sehr hilfreich für den beruflichen Werdegang der SchülerInnen war. Weiterhin konnte festgestellt werden, dass die SchülerInnen sehr gut auf die Projektdurchführung vorbereitet waren und somit ein Teil der Zielsetzungen, die in Kapitel 3.1.1 beschrieben sind, erfüllt wurde. Die 17% der befragten SchülerInnen, die keine Angabe zur Projektvorbereitung machten, könnten durch die drei SchülerInnen des Mittelkurses begründet sein, da sie zwar das Projekt mit durchführten, aber nicht an der Vorbereitung maßgeblich beteiligt waren.

Bei der Vorbereitung des begleitenden Pflegepersonals wurden kleinere Mängel festgestellt, da sich die Hälfte von ihnen nicht ausreichend auf das Projekt vorbereitet fühlte. Diese Feststellung könnte zum Ausgangspunkt für diesbezügliche Veränderungen in folgenden Projekten werden. Es ist zu überlegen, ob die ProjektbegleiterInnen noch intensiver in die Vorbereitung miteinbezogen werden sollten. Allerdings müsste für etwaige Überlegungen die Kritik an der Vorbereitung noch weit reichender untersucht werden, um herauszufinden, was den Begleitern bezüglich der Vorbereitung fehlte. Die nicht ausreichende Vorbereitung auf das Projekt könnte aber auch aufgrund der Tatsache entstanden sein, dass bei den Veranstaltungen zur Projektvorbereitung über die Hälfte des examinierten Pflegepersonals nicht anwesend war und diese somit auch keine konkreten Informationen zum Projektverlauf erhalten konnten. Aus diesem Grund wäre zu erwägen, diese Informationsveranstaltungen zukünftig als Pflichtveranstaltungen zu deklarieren.

Die unzureichende Vorbereitung der ProjektbegleiterInnen spiegelte sich ebenfalls in der Beurteilung der Projektbegleitung wider. Hier wurde deutlich, dass die Begleitung der Lehrkräfte der Schule durchgängig als positiv beurteilt wurde. Hingegen bewegte sich die Bewertung der ProjektbegleiterInnen zusammenfassend eher im mittleren Bereich. Dieses

Ergebnis könnte ebenfalls durch die nicht ganz ausreichende Vorbereitung für die ProjektteilnehmerInnen auf das Projekt begründet sein. Resultierend daraus, dass sich einige nicht ausreichend vorbereitet fühlten und somit anscheinend auch nicht genügend Informationen bezüglich des Projektes zur Verfügung hatten, ist davon auszugehen, dass diese die Auszubildenden dementsprechend nicht angemessen begleiten konnten.

Die Patienten waren zum Großteil mit dem Projekt zufrieden. Bei der Fragestellung, ob das Pflegepersonal ihnen bei aufgetretenen Problemen hilfreich zur Seite stand, konnten unter anderem kleinere Diskrepanzen verzeichnet werden. 13% der befragten Patienten waren mit der Hilfestellung eher nicht zufrieden. Dieses könnte zum einen daran liegen, dass die Patienten ihre Probleme nicht klar formulierten und die SchülerInnen über noch nicht ausreichende Fähigkeiten verfügten, Patientenprobleme zu erkennen. Zum anderen könnte diese Prozentzahl auch damit begründet werden, dass die SchülerInnen mit den Pflegetätigkeiten so intensiv beschäftigt waren, dass sie die Belange der Patienten nicht erkannten oder aufgrund nicht zur Verfügung stehender zeitlicher Ressourcen nicht erkennen und auf diese eingehen konnten. Allerdings darf auch der Gedanke nicht außer Acht gelassen werden, dass einige Patienten eventuell während ihres Krankenhausaufenthaltes keine Probleme zu verzeichnen hatten und somit auch keine Hilfe und Unterstützung benötigten.

Die **Belastung während des Projektes** ist aufgrund der vorliegenden Ergebnisse für alle Beteiligten als eher gering einzustufen.

Die SchülerInnen fühlten sich in ihrer Rolle wohl und empfanden diese nicht als Belastung. Allerdings war dies bei den ProjektbegleiterInnen erneut etwas differenzierter, da sich knapp die Hälfte der Befragten in ihrer Rolle nicht wohl fühlte. Es kann somit davon ausgegangen werden, dass diese Anzahl das Projekt eher als Belastung empfanden.

Die Vermutung liegt nahe, dass es sich dabei um die ProjektbegleiterInnen handelte, die sich nicht genügend auf das Projekt vorbereitet fühlten und somit ihre Rolle nicht entsprechend ausfüllen konnten, da ihnen die nötigen Informationen bezüglich ihres Rollenverständnisses fehlten.

Diese Überlegungen treffen auch auf die Hilfestellungen durch die ProjektbegleiterInnen zu, die von den SchülerInnen zum Teil als nicht ausreichend beurteilt wurden. Auch bei diesem Punkt könnte die unzureichende Vorbereitung einiger ProjektteilnehmerInnen der ausschlaggebende Punkt gewesen sein. Allerdings wurde während der Projektdurchführung deutlich, dass eine sehr kleine Anzahl von examinierten Pflegekräften nicht vollkommen hinter dem Projekt stand und somit nicht mit vollem Engagement dabei war, um den Auszubildenden bei der Projektdurchführung die Hilfe und Unterstützung zu geben, die sie benötigten.

Der Genesungsprozess der Patienten durfte während der Projektdurchführung zu keiner Zeit gefährdet werden. Aus diesem Grund war für alle ProjektbegleiterInnen von immenser Wichtigkeit, dass die SchülerInnen um Unterstützung und Hilfe baten, wenn sie Schwierigkeiten hatten. Bei der diesbezüglichen Befragung wurde deutlich, dass knapp ein Drittel der Auszubildenden diese Hilfestellung nicht anforderte. Von Interesse wäre es nun, zu eruieren, wodurch diese Prozentzahl begründet wurde. Es besteht einerseits die Möglichkeit, dass die SchülerInnen keine Hilfe benötigten, da es während der Durchführung zu keinen Schwierigkeiten kam. Es könnte aber auch der Fall sein, dass die SchülerInnen nicht um Hilfe bitten wollten, da sie sich dann hätten eingestehen müssen, etwas nicht zu können. Andererseits könnte die Annahme zutreffend sein, dass die Auszubildenden nicht bemerkt hatten, dass zu einer bestimmten Zeit Hilfe angebracht gewesen wäre.

Dieses Ergebnis bedeutet auch, dass in folgenden Projekten noch intensiver mit den SchülerInnen über diesen Punkt gesprochen werden muss, schließlich ist Hilfe anfordern eher ein Zeichen von Stärke und nicht von Schwäche. Den Lernenden muss bewusst sein, dass nicht angeforderte Hilfe auf Kosten der Patienten gehen kann.

Weiterhin wurde deutlich, dass die SchülerInnen in dem Projekt weitgehend selbstständig arbeiten konnten und somit ihre eigenen Ansprüche in der Praxis und die Forderung der Gesetzgebung (siehe Kapitel 1.2) umsetzen konnten.

Ein Ziel dieser Befragung bestand im Weiteren darin, Informationen hinsichtlich der Projektdauer zu erhalten. Das erhaltene Ergebnis war sehr eindeutig. Keiner der Auszubildenden erlebte die Durchführung des Projektes als zu lang und empfand dieses somit als Belastung für sich selbst. Bemerkenswert war weiterhin, dass über 60% eine dreiwöchige Projektdauer bevorzugten. Für eine kleine Anzahl der ProjektbegleiterInnen wäre eine einwöchige Durchführung ausreichend. Allerdings teilte ein Großteil von ihnen die identische Meinung der SchülerInnen.

In der Ausbildung von professionell Pflegenden kommt unter anderem der Förderung der Personalkompetenz eine erhebliche Bedeutung zu. Durch die Fragestellungen in dieser

Kategorie wurde übergeordnet diese Kompetenzförderung bewertet. Insgesamt kann die Feststellung getroffen werden, dass der überwiegende Anteil der Auszubildenden während des Projektes in der Befähigung eigene Belastungen zu erkennen, zu reflektieren und mit ihnen umzugehen, bestärkt wurden.

Darüber hinaus wurde durch die Ergebnisse der Patientenbefragung deutlich, dass die SchülerInnen über die benötigte Fach- und Sozialkompetenz verfügten.

Die **Team- und Kooperationsfähigkeit** wurde insgesamt mit gut beurteilt. Es konnte auch nicht davon ausgegangen werden, dass die SchülerInnen in der Lage waren, in einer so kurzen Zeit ein perfektes Team zu bilden. Da die Auszubildenden vorher noch nie in dieser Konstellation zusammengearbeitet hatten, kann es ohnehin als bemerkenswert empfunden werden, dass die Bewertung zu einem derartig guten Ergebnis führte. Während der Durchführung des Projektes wurde ein Leistungsgefälle bei den Auszubildenden festgestellt. Besonders auffallend war dabei ein Schüler, der dem Ausbildungsstand etwas zurücklag und vermehrt Unterstützung und Hilfe benötigte. Es kam vor, dass mit diesem nicht unbedingt gern zusammen gearbeitet wurde. Daraus resultiert die Vermutung, dass dieser Schüler die Zusammenarbeit im Kurs als sehr negativ empfunden haben könnte.

Die Beurteilung der Zusammenarbeit der SchülerInnen mit den anderen Berufsgruppen schätzten überraschender Weise die ProjektteilnehmerInnen wesentlich besser ein als die SchülerInnen selbst. Begründet könnte dieses damit werden, dass die BegleiterInnen in ihrer Funktion als Beobachter das eigentliche Geschehen nicht wirklich objektiv verfolgen konnten. Es könnte aber auch die Möglichkeit in Betracht gezogen werden, dass die SchülerInnen sich bisher noch nie so intensiv mit den anderen Berufsgruppen auseinandersetzen mussten und somit keinen effektiven Vergleich anstellen konnten. Darüber hinaus stellte diese Zusammenarbeit die Auszubildenden vor eine enorme Herausforderung.

Die Patientenergebnisse in dieser Kategorie geben Anlass für weitere Überlegungen. Von 48 Patienten waren sieben mit der Zusammenarbeit des Stationspersonals eher unzufrieden. Dieses Ergebnis spiegelte eine vorwiegende Patientenzufriedenheit wider. Allerdings sollte ein Team immer bestrebt sein, die Zusammenarbeit zu verbessern, damit nicht nur sie selbst, sondern vor allem auch die Klienten von dieser profitieren. Somit bedarf diese Fragestellung zukünftig unbedingt einer weiteren Untersuchung, um das

Ergebnis zu optimieren. Es wäre dringend zu überlegen, bei der Evaluation eines derartigen nachfolgenden Projektes, an diese Frage eine offene Frage anzuschießen, in der die Patienten ihre diesbezüglichen Wünsche, Bedürfnisse aber auch Beschwerden anbringen können.

Zusammenfassend für diese Kategorie kann festgehalten werden, dass die SchülerInnen ihre diesbezügliche Zielsetzung für dieses Projekt erreicht haben (siehe Kapitel 3.1.1) und dass die vom Krankenpflegegesetz geforderte Sozialkompetenz bei den Auszubildenden eine weitere Ausprägung erfuhr. Weiterhin bekamen die SchülerInnen die Möglichkeit, eigenverantwortlich mit anderen Berufsgruppen interdisziplinär zusammenzuarbeiten. Diese Zusammenarbeit wurde von ihnen überzeugend gestaltet, wodurch die vom Krankenpflegegesetz geforderte Zielsetzung ebenfalls erfüllt wurde.

Das Vorhaben der Fragebogenüberarbeitung trifft ebenfalls in der Kategorie **Organisationsfähigkeit** der SchülerInnen zu. Hier waren 18% der Patienten mit der Kooperation zwischen Station und Untersuchungs-/ Behandlungseinheit nicht zufrieden. Aus diesem Grund sollte dieser Punkt bei einer Projektdurchführung im nächsten Jahr unbedingt näher beleuchtet werden. Die vorhandenen Defizite der SchülerInnen bei der Organisation einer Station führten unter anderem zu der Entstehung dieses Projektes. Bei der Auswertung der diesbezüglichen Fragen konnte festgestellt werden, dass die SchülerInnen durch die Projektdurchführung einen erheblichen Lernerfolg vorwiesen und somit ihre eigenen Zielsetzungen (siehe Kapitel 3.1.1) ebenfalls erfüllten.

Weiterhin konnte durch die vorhandenen Ergebnisse nachgewiesen werden, dass die in § 3 formulierte Forderung des Gesetzgebers, nach der die SchülerInnen während ihrer Ausbildung dazu befähigt werden sollen, die Erhebung und Festlegung des Pflegebedarfs, Planung, Organisation, Durchführung und Dokumentation der Pflege eigenverantwortlich auszuführen (vgl. KrPflG 2003, § 3 Abs. 2), erfüllt wurde.

Bei der Beurteilung der **Pflegequalität** während des Projektes gab es lediglich eine minimale Prozentzahl, die damit nicht vollkommen zufrieden waren. Es kann davon ausgegangen werden, dass dieses die Realität im Pflegealltag widerspiegelt und mit mangelnden zeitlichen Ressourcen begründet werden kann. Das soll keine Entschuldigung sein, denn unser Augenmerk sollte auch weiterhin in der Optimierung der Pflegequalität liegen.

Zusammenfassend wurde die Qualität der Pflege während des Projektes mit gut beurteilt. Die Patienten waren weitestgehend gut versorgt und die SchülerInnen haben somit auch dieser Zielsetzung Rechnung getragen und verfügten über die dafür benötigten Kompetenzen.

In der letzten Kategorie, die den **Lernerfolg der SchülerInnen** beinhaltete, wurde insgesamt mehr als deutlich, dass durch die Durchführung des Projektes die SchülerInnen einen erheblichen Sicherheitszuwachs in der Ausführung von bestimmten Pflegetätigkeiten erfuhren. Darüber hinaus wurde mit diesem Ergebnis ersichtlich, dass die Auszubildenden dem Erwerb und der Ausprägung der vom Krankenpflegegesetz geforderten Sach-, Methoden-, Sozial- und Personalkompetenz wesentlich näher gekommen waren, diese verinnerlichten und umsetzten.

Lediglich einige Ergebnisse in dieser Kategorie, die zwar ebenfalls von den Befragten hauptsächlich positiv beurteilt wurden, bedürfen einer zusätzlichen Erklärung bzw. Interpretation.

78% der befragten Auszubildenden wurden durch die Durchführung des Projektes sicherer in der Beobachtung und Reaktion bezüglich des psychischen und physischen Befindens der Patienten. Dagegen waren 22% der SchülerInnen der Meinung, dass ein Lernzuwachs weniger zutreffend war. Während der Durchführung des Projektes wurde deutlich, dass einige SchülerInnen dieses schon sehr gut beherrschten. Es wäre zu vermuten, dass aus diesem Grund ein Zuwachs an Sicherheit bei diesen nicht zu verzeichnen war.

Bei der Dokumentation von Beobachtungen und Pflegehandlungen waren 28% der Auszubildenden der Auffassung, dass sie bei der Durchführung eher nicht an Sicherheit gewonnen hatten. Dieses könnte, wie in der vorherigen Fragestellung mit dem bereits bestehenden Können begründet werden. Darüber hinaus könnte als Grund angeführt werden, dass die SchülerInnen in ihrer Pflegegruppe keine Möglichkeit dazu bekamen und somit weiterhin Defizite aufwiesen.

Den Lernzuwachs in Bezug auf Fachvokabular verstehen und anwenden stuften erstaunlicherweise die ProjektbegleiterInnen höher ein als die Schülerinnen selbst. Entweder haben die ProjektbegleiterInnen während des regulären Stationsalltages diesem Punkt keine Beachtung geschenkt und waren von den Fähigkeiten der SchülerInnen während der Projektdurchführung positiv überrascht oder die SchülerInnen konnten einen

Lernzuwachs aus unterschiedlichen Gründen, zum Beispiel weil sie den Umgang schon beherrschen, wirklich nicht erfahren.

Bei der Kommunikation mit Patienten und Angehörigen wurde sowohl von den SchülerInnen als auch von den ProjektbegleiterInnen ein erheblicher Zuwachs an Sicherheit festgestellt. Das Ergebnis der SchülerInnen war nicht erstaunlich, da sie im regulären Stationsalltag nicht kontinuierlich die Möglichkeit dazu bekamen, bzw. diese Tätigkeit meistens von den examinierten Pflegekräften übernommen wurde.

Die Lernenden stuften infolge des Projektes ihre Leistung im Umgang mit dem PC als wesentlich sicherer ein. Die 11% der Auszubildenden, die keine Angaben zu dieser Frage machten, könnten durch bereits bestehende Sicherheit im Umgang mit dem PC begründet sein. Bei den ProjektbegleiterInnen zeigte sich eher ein differenziertes Bild, wodurch die Vermutung nahe liegt, dass sie diesen Punkt nicht beurteilen konnten, da sie evtl. nicht darauf geachtet haben. Resultierend daraus, dass 21% der ProjektbegleiterInnen einem Lernerfolg eher nicht zustimmten und 21% überhaupt keine Angaben machten, könnte ebenfalls zu der Annahme führen, dass einige MitarbeiterInnen der Station bis heute selbst noch Unsicherheiten im Umgang mit dem PC aufweisen. Auf Grundlage dieser Überlegungen besteht die Möglichkeit, dass das Pflegepersonal dieses nicht entsprechend beurteilen konnte oder damit Schwierigkeiten hatten, da die SchülerInnen dieses evtl. besser ausführen konnten als sie selbst.

Im produktiven Umgang mit Konflikten sahen lediglich knapp ein Drittel der ProjektbegleiterInnen und etwas mehr als ein Drittel der SchülerInnen einen Sicherheitszuwachs. 21% der ProjektbegleiterInnen und sogar 28% der Schülerinnen konnten einem produktiven Umgang mit Konflikten nicht zustimmen. Die Durchführung des szenischen Spiels (siehe Kapitel 3.3), in dem Situationen und Ereignisse während der Projektdurchführung aufgearbeitet wurden, zeigte, dass Unstimmigkeiten untereinander und der teilweise unangebrachte Umgang mit einem leistungsschwächeren Schüler zu dieser Bewertung führte.

Insgesamt lässt sich festhalten, dass bei der Auswertung eine erhebliche Effizienz des Projektes festgestellt wurde. Die SchülerInnen haben sehr viel dazu gelernt und sind somit wesentlich besser auf ihren bevorstehenden beruflichen Alltag vorbereitet. Die Auszubildenden sollten dazu befähigt werden, in ihrem beruflichen Alltag handlungskompetent zu arbeiten. Auch diesbezüglich konnten die SchülerInnen einen erheblichen Lernerfolg verzeichnen, was auch für die vom Gesetzgeber formulierten Zielsetzungen für die Ausbildung zutrifft.

Allerdings muss bedacht werden, dass bei einer künftigen Durchführung die Vorbereitung für die ProjektteilnehmerInnen überdacht, optimiert und intensiviert werden muss, so dass alle Beteiligten davon profitieren können.

Weiterhin sollten die Fragebögen kleine Veränderungen bzw. Erweiterungen erfahren, damit konkrete Punkte vertiefter analysiert werden können.

5 Fazit

Mit dem Inkrafttreten des neuen Krankenpflegegesetzes hat die Ausbildung zum/zur Gesundheits- und KrankenpflegerIn eine Vielzahl von Veränderungen und gestiegenen Anforderungen erfahren. Um diesen gerecht zu werden, ist es empfehlenswert die Ausbildung entsprechend dieser Veränderungen anzupassen. Unter anderem besteht die Möglichkeit, neue Lernformen in die Ausbildung zu integrieren, die gewährleisten, dass die SchülerInnen die vom Gesetzgeber formulierten Ausbildungsziele erreichen.

Personaleinsparungen und daraus resultierende mangelnde zeitliche Ressourcen im regulären Stationsalltag haben zur Folge, dass Auszubildende oftmals Tätigkeiten zugewiesen bekommen und selten die Möglichkeit zum eigenverantwortlichen Arbeiten erhalten. Viele Tätigkeiten und Organisationen geschehen im Hintergrund der eigentlichen Pflegetätigkeit, von dem die Lernenden einiges erahnen, aber kein konkretes eigenes Handeln erleben.

Aus dieser Tatsache heraus entstand das Projekt „SchülerInnen leiten eine Station" der Krankenpflegeschule der Kliniken Herzberg und Osterode GmbH. Durch die Umsetzung dieser Lernform wurde versucht, den bestehenden Missständen entgegenzuwirken und die Auszubildenden bei dem Erfüllen der Anforderungen der neuen Gesetzgebung zu unterstützen, damit sie die Möglichkeit wahrnehmen können, als handlungskompetente Pflegekräfte ihren anschließenden beruflichen Alltag zu gestalten.

Die Auszubildenden waren von der Umsetzung des Projektes in die Praxis begeistert, investierten für die Vorbereitung sehr viel Freizeit und setzen sich für die Durchführung eigene Ziele, die sie durch das Projekt erreichen wollten (siehe Kapitel 3.1.1).

Neben der Umsetzung der eigenen Zielsetzung der SchülerInnen und den Zielvorgaben der Gesetzgebung sollten die Auszubildenden durch das Projekt optimal auf ihre praktische Prüfung und den anschließenden Berufsalltag vorbereitet werden.

Ein weiteres Anliegen, welches mit diesem Projekt verbunden wurde, war die vom Gesetz geforderte Praxisanleitung und Begleitung sicher zu stellen bzw. zu optimieren.

Bei der Auswertung dieses Projektes wurde deutlich, dass durch die Durchführung die SchülerInnen einerseits ihre selbst formulierte Zielsetzung umsetzen konnten. Andererseits zeigten die Ergebnisse der Projektevaluation, dass sie in der Entwicklung der erforderlichen Kompetenzen unterstützt und bestärkt wurden. Somit erhielten die Lernenden die Möglichkeit, ihre bereits erworbene Handlungskompetenz unter Beweis zu stellen und auszuprägen. Weiterhin konnten sie die Tätigkeiten, die in den Ausbildungszielen des Krankenpflegegesetzes formuliert sind, in der Praxis ausüben, verinnerlichen und intensivieren.

Während der Durchführung des Projektes wurden die Patienten einer Station von den Auszubildenden ganzheitlich und eigenverantwortlich betreut, so wie es als Ausbildungsziel im Krankenpflegegesetz formuliert ist. Die Auszubildenden des Ober- und Mittelkurses arbeiteten hervorragend zusammen und konnten voneinander lernen. Die SchülerInnen haben es geschafft, in kurzer Zeit zu einem Team zu werden, das ein kongruentes Ziel und gemeinsame Interessen verfolgt. Es bestand die einstimmige Meinung, dass so eine Zusammenarbeit unbedingt weiter gefördert werden sollte.

Desweiteren zeigten die SchülerInnen bei der Vorbereitung und Durchführung des Projektes ein erhebliches Engagement, das sowohl im theoretischen Unterricht als auch in der Pflegepraxis weit über ihre eigentliche Arbeitszeit hinausging.

Neben den bereits beschriebenen Lernergebnissen wurde durch das Projekt ebenfalls die Praxisanleitung und Begleitung intensiviert. Darüber hinaus wurde die Zusammenarbeit zwischen den Lehrkräften und den Pflegekräften der Station positiv beeinflusst. Diese Intensität sollte unbedingt beibehalten und wenn möglich weiter ausgeprägt werden.

Weiterhin war zu bemerken, dass nicht nur qualifizierte PraxisanleiterInnen Interesse und Spaß an dem Projekt zeigten. Auch MitarbeiterInnen des examinierten Pflegepersonals ohne entsprechende Qualifizierung stellten fest, wie wichtig Anleitung für die SchülerInnen ist und dass diese nicht nur mit Arbeit, sondern auch mit Freude verbunden sein kann.

Bei den im Anschluss an das Projekt erfolgten Reflexionsgesprächen zeigte sich, dass die Projektdurchführung, neben dem Nutzen für den beruflichen Werdegang der SchülerInnen und dem Erreichen der vom Krankenpflegegesetz formulierten Zielsetzung, unter anderem ebenfalls für die bevorstehenden praktischen Prüfungen der SchülerInnen hilfreich war. Annährend alle SchülerInnen gaben an, vor dieser Prüfung weniger Angst zu haben und über mehr Selbstvertrauen zu verfügen. Dieses spiegelte sich auch in den Probeexamsprüfungen wider, die von allen Auszubildenden überwiegend gut bestanden wurden.

Die erhebliche Effizienz des Projektes führte dazu, dass das Projekt fest in die Ausbildung zum/zur Gesundheits- und KrankenpflegerIn der Krankenpflegeschule der

Kliniken Herzberg und Osterode GmbH integriert wurde. Im Moment befinden sich SchülerInnen und LehrerInnen in der Vorbereitungsphase für das nachfolgende Projekt, welches Ende Februar auf einer chirurgischen Station in einem Durchführungszeitraum von drei Wochen stattfinden wird.

Durch die Evaluation des durchgeführten Projektes wurde deutlich, dass einige Kriterien in der Projektvorbereitung und Durchführung einer Optimierung bezüglich des folgenden Projektes bedürfen.

Einige examinierte Pflegekräfte fühlten sich nicht ausreichend auf das Projekt vorbereitet. Dieses verdeutlichte ebenfalls die Meinung der Auszubildenden, die mit der Begleitung von einigen Mitarbeitern des Pflegepersonals nicht zufrieden waren. Aus diesem Grund werden die ProjektbegleiterInnen der ausgewählten Station intensiver in die Vorbereitung mit eingebunden und die diesbezüglichen Informationsveranstaltungen als Pflichtveranstaltungen deklariert, so dass alle die benötigten Informationen zur Durchführung des Projektes zur Verfügung haben.

Die SchülerInnen erhielten durch die Projektdurchführung erhebliche Sicherheit in der Einschätzung ihrer eigenen Stärken und Schwächen, was auch in den anschließenden Reflexionsgesprächen deutlich wurde. Allerdings wurde ein Leistungsgefälle sichtbar. Ein Schüler lag in der Ausprägung seiner praktischen Fähigkeiten im Gegensatz zu seinen Mitschülern etwas zurück. Ihm unterliefen immer wieder kleinere Fehler, die dazu führten, dass kaum noch jemand mit ihm in einer Gruppe zusammenarbeiten wollte. Im späteren Berufsleben werden die Auszubildenden ebenfalls mit solchen Begebenheiten konfrontiert. Es kann keine Lösung sein, dass mit Leistungsschwächeren eine Zusammenarbeit nicht mehr stattfindet. Aus diesem Grund bedarf es im theoretischen Unterricht und auch in der Berufspraxis unbedingt einer weiteren Förderung der Toleranz untereinander und einem Ausbau gegenseitigen Verständnisses. Darüber hinaus müssen den Auszubildenden für diesbezügliche Probleme Lösungsmöglichkeiten aufgezeigt werden.

Unsicherheiten zeigten die SchülerInnen in der Ausführung von Anordnungen und in der Begleitung der Chefarztvisiten. Es wäre wünschenswert, dass diese Tätigkeiten bereits vor einem derartigen Projekt in der Theorie und vor allem im regulären Stationsalltag intensiver geübt werden würde.

Bei der Auswertung der Fragebögen konnten bei einigen Fragestellungen minimale negative Bewertungen verzeichnet werden. Da die Patienten fortwährend im Mittelpunkt stehen müssen, bedürfen diese Fragen zukünftig noch weiterer Erhebungen, damit die negativen Prozentzahlen minimiert werden können und alle, vor allem die Patienten, das Krankenhaus zufrieden verlassen. Aus diesem Grund besteht das Vorhaben, bei der folgenden Projektdurchführung einige Fragen der Fragebögen zu präzisieren beziehungsweise offene Fragen zu integrieren.

Weiterhin konnte bemerkt werden, dass eine minimale Anzahl der am Projekt teilnehmenden examinierten Pflegekräfte nicht vollkommen von dem Projekt überzeugt waren. Wahrscheinlich wird dieses auch zukünftig nicht ganz auszuschalten sein. Es wäre allerdings wünschenswert, dass die positive Beurteilung dieses Projektes dazu beiträgt, dass nachfolgende Projekte von sämtlichen Pflegekräften angenommen und unterstützt werden.
Durch den positiven Verlauf des Projektes besteht weiterhin die Hoffnung, dass die MitarbeiterInnen der Pflegestationen realisieren, dass die SchülerInnen über erhebliches theoretisches Wissen verfügen und dieses auch in die Praxis umsetzen können, wenn sie die Möglichkeit dazu bekommen.

Das Projekt „SchülerInnen leiten eine Station" unterstützt die SchülerInnen bei der Entwicklung und Ausprägung ihrer Handlungskompetenz, bei der Umsetzung der vom Gesetzgeber formulierten Ausbildungsziele und begünstigt unter anderem die Qualität der Ausbildung.
Seit Beginn meiner Lehrertätigkeit an der Krankenpflegeschule Herzberg bin ich bestrebt, mein theoretisch erworbenes Wissen in der Praxis anzuwenden, mich kontinuierlich weiterzuentwickeln und von dem Wissen anderer zu profitieren.
Nach Abschluss dieses Projektes wurde mir deutlich, dass das Projekt ebenfalls positive Auswirkungen für mich und meinen beruflichen Werdegang hatte. Von und durch die SchülerInnen konnte ich sehr viel lernen, wodurch meine Handlungskompetenz ebenfalls eine weitere Ausprägung erhielt. Obwohl mich das Projekt vor eine große Herausforderung stellte, bin ich dankbar, dass ich die Möglichkeit erhielt, dieses, zusammen mit den SchülerInnen, meinen Kollegen und den Mitarbeitern der Pflegestation, erfolgreich durchzuführen.

Literaturverzeichnis

Ausbildungs- und Prüfungsverordnung für die Berufe in der Krankenpflege (KrPflAPrV) (2003). In: Bundesgesetzblatt Jg. 2003, Teil I Nr. 55. Bonn 2003, S. 2263-2270.

Berufsgenossenschaft für Gesundheitsdienst und Wohlfahrtspflege (2006): „So begeistert wie nie". In: YOUNG NURSE für Gesundheits- und Krankenpflegerinnen und –pfleger von Morgen , Heft 4/2006, S. 4-5.

Birkenfeld, Ralf (1997): ABC der Dienstplangestaltung. Arbeitszeitflexibilität und neue Arbeitszeitmodelle im Gesundheitswesen. Köln: Bund-Verlag.

Bortz, Jürgen; Döring, Nicola (2006): Forschungsmethoden und Evaluation für Human- und Sozialwissenschaftler. 4., überarbeitete Auflage. Berlin: Springer-Verlag.

Brühl, Ursula; Chudoba, Regina; Kotte, Susanne (2000): Projekt "Schulstation". In: Heilberufe Das Pflegemagazin, Jg. 52, Heft 3/2000, S. 14-15.

Buschfeld, Detlef (1999): Teamteaching. In: Kaiser, Franz-Josef; Pätzold, Günter [Hrsg] (1999): Wörterbuch Berufs- und Wirtschaftspädagogik. Bad Heilbrun: Julius Klinkhardt Verlag, S. 366.

Geppert, Susanne; Geppert, Cornelia; Füg, Lydia; Eidam, Dorothea (2005): Lernfelder in der Pflegeausbildung. Theorie und praktische Umsetzung. 1. Auflage. Stuttgart: Kohlhammer Verlag.

Gesetz über die Berufe in der Krankenpflege (KrPflG) (1985). In: Kurtenbach, Hermann; Golombek, Günter; Siebers, Hedi (1998): Krankenpflegegesetz mit

Ausbildungs- und Prüfungsverordnung für die Berufe in der Krankenpflege. 5., überarbeitete und erweiterte Auflage. Stuttgart: Kohlhammer Verlag. S.6-22.

Gesetze über die Berufe in der Krankenpflege und zur Änderung anderer Gesetze (KrPflG) (2003). In: Bundesgesetzblatt Jahrgang 2003, Teil I Nr. 36. Bonn 2003, S. 1442-1448.

Görres, Stefan (1998): Evaluationsforschung – dargestellt am Beispiel der Einrichtung von Qualitätszirkeln in der Pflege. In: Wittneben, Karin [Hrsg.] (1999): Forschungsansätze für das Berufsfeld Pflege. Stuttgart: Georg Thieme Verlag, S. 199 – 215.

Gudjons, Herbert (2001): Handlungsorientiert lehren und lernen. Schüleraktivierung. Selbsttätigkeit. Projektarbeit. 6. überarbeitete und erweiterte Auflage. Bad Heilbrunn: Klinkhardt Verlag.

Hammer, Astrid (2001): Arbeitsorganisation und Pflegesysteme. In: Lauber, Annette [Hrsg.] (2001): Grundlagen beruflicher Pflege. Stuttgart: Georg Thieme Verlag, S. 232-243.

Hartmann, Nadine (2003): „Stationsübernahme" einmal anders. In: Heilberufe Das Pflegemagazin, Jg. 55, Heft 1/2003, S. 64.

Heißenberg, Anja (2001): Berufliche Handlungskompetenz. In: Lauber, Annette [Hrsg.] (2001): Grundlagen beruflicher Pflege. Stuttgart: Georg Thieme Verlag,   S. 87-99.

Jank, Werner; Meyer, Hilbert (2002): Didaktische Modelle. 5., völlig überarbeitete Auflage. Berlin: Cornelsen Verlag.

Juchli, Liliane (1997): Praxis und Theorie der Gesundheits- und Krankenpflege. Stuttgart: Georg Thieme Verlag.

93

Kaster, Marion (2001): Geschichte der Pflege. In: Lauber, Annette [Hrsg.] (2001): Grundlagen beruflicher Pflege. Stuttgart: Georg Thieme Verlag, S. 22-86.

Kelm, Ronald (2003): Arbeitszeit- und Dienstplangestaltung in der Pflege. 2., aktualisierte und erweiterte Auflage. Stuttgart: Kohlhammer Verlag.

Keuchel, Regina (2002): Lernen im Wandel –Neue Lernwege in der Pflegeausbildung. In: Görres, Stefan; Keuchel, Regina; Roes, Martina; Scheffel, Friedhelm; Beermann, Helga; Krol, Michael [Hrsg.] (2002): Auf dem Weg zu einer neuen Lernkultur: Wissenstransfer in der Pflege. 1. Auflage. Bern: Hans Huber Verlag, S. 56-70.

Klafki, Wolfgang (1985): Neue Studien zur Bildungstheorie und Didaktik. Weinheim und Basel: Beltz Verlag.

Klafki, Wolfgang (1996): Neue Studien zur Bildungstheorie und Didaktik. Zeitgemäße Allgemeinbildung und kritisch-konstruktive Didaktik. 5. unveränderte Auflage. Weinheim und Basel: Beltz Verlag.

KMK – Handreichung - Sekretariat der Ständigen Konferenz der Kultusminister der Länder in der Bundesrepublik Deutschland (2000): Handreichung für die Erarbeitung von Rahmenlehrplänen der Kultusministerkonferenz (KMK) für den berufsbezogenen Unterricht in der Berufsschule und ihrer Abstimmung mit Ausbildungsordnungen des Bundes für anerkannte Ausbildungsberufe. Stand: 15.09.2000.

Konrad, Klaus (1999): Die Befragung. In: Wosnitza, Marold; Jäger, Reinhold S. [Hrsg.] (1999): Daten erfassen, auswerten, präsentieren – aber wie? Landau: Verlag Empirische Pädagogik e.V., S. 73-114.

Martin, Jochen (1999): Pflegestandards. Stuttgart: Kohlhammer Verlag.

Mayer, Hanna (2007): Pflegeforschung kennenlernen. Elemente und Basiswissen für die Grundausbildung. 4., aktualisierte und überarbeitete Auflage. Wien: Facultas Verlags- und Buchhandels AG.

Meyer, Hilbert (1987): Unterrichtsmethoden II: Praxisband. Berlin: Cornelsen Verlag.

Müller Staub, Maria (1998): Selbständig angebotene Pflege und Gesundheitsförderung – eine Zukunftsvision? In: Pflege/Die wissenschaftliche Zeitschrift für Pflegeberufe, Jg.11, Heft 1/1998, S.27-34.

Muster-Wäbs, Hannelore; Schneider, Kordula (1999): Vom Lernfeld zur Lernsituation. Strukturierungshilfe zur Analyse, Planung und Evaluation von Unterricht. Bad Homburg von der Höhe: Gehlen Verlag.

Nitsch, Wolfgang; Scheller, Ingo (1997): Forschendes Lernen mit Mitteln des szenisches Spiels als aktivierende Sozial- und Bildungsforschung. In: Friebertshäuser, Barbara; Prengel, Annedore [Hrsg.] (1997): Handbuch Qualitative Forschungsmethoden in der Erziehungswissenschaft. Weinheim, München: Juventa Verlag, S. 704-710.

Oelke, Uta (1998): Die empirisch-wissenschaftliche Forschungsmethode am Beispiel einer Fragebogenerhebung zur Zusammenarbeit des Pflegepersonals. In: Wittneben, Karin [Hrsg.] (1999): Forschungsansätze für das Berufsfeld Pflege. Stuttgart: Georg Thieme Verlag, S. 223-242.

Oelke, Uta; Scheller, Ingo; Ruwe, Gisela (2000): Tabuthemen als Gegenstand szenischen Lernens in der Pflege. Theorie und Praxis eines neuen pflegedidaktischen Ansatzes. Bern: Hans Huber Verlag.

Oelke, Uta; Menke, Marion (2002): Gemeinsame Pfegeausbildung. Modellversuch und Curriculum für die theoretische Ausbildung in der Alten-, Kranken- und Kinderkrankenpflege. 1. Auflage. Bern: Hans Huber Verlag.

Rösch, Magdalena (2002): Lernwerkstatt „Schulstation" –ein Proket der Krankenpflegeschule des Universitätsklinikums Benjamin Franklin. In: Unterricht Pflege, Jg. 7, Heft 2/2002, S. 4-6.

Rösch, Magdalena; Schwaiger, Brigitte (2002): Lernwerkstatt Schulstation – ein Projekt der Krankenpflegeschule des Universitätsklinikums Benjamin Franklin in Berlin. In: Görres, Stefan; Keuchel, Regina; Roes, Martina; Scheffel, Friedhelm; Beermann, Helga; Krol, Michael [Hrsg.] (2002): Auf dem Weg zu einer neuen Lernkultur: Wissenstransfer in der Pflege. 1. Auflage . Bern: Hans Huber Verlag, S. 266-272.

Schnell, Rainer; Hill, Paul B.; Esser, Elke (2005): Methoden der empirischen Sozialforschung. 7., völlig überarbeitete und erweiterte Auflage. München: Oldenbourg Wissenschaftsverlag GmbH.

Schewior- Popp, Susanne (1998): Handlungsorientiertes Lehren und Lernen in Pflege- und Rehabilitationsberufen. Stuttgart: Georg Thieme Verlag.

Schewior- Popp, Susanne (2005): Lernsituationen planen und gestalten. Handlungsorientierter Unterricht im Lernfeldkontext. Stuttgart: Georg Thieme Verlag.

Schneider, Alfred (2005): Die Ausbildung in den Pflegeberufen –ein Sonderfall. In: Schneider, Kordula; Brinker-Meyendriesch, Elfriede; Schneider, Alfred [Hrsg.] (2005): Pflegepädagogik für Studium und Praxis. 2. überarbeitete und aktualisierte Auflage. Heidelberg: Springer Verlag, S. 391-409.

Schneider, Kordula (2005): Das Lernfeldkonzept –zwischen theoretischen Erwartungen und praktischen Realisierungsmöglichkeiten. In: Schneider, Kordula; Brinker-Meyendriesch, Elfriede; Schneider, Alfred [Hrsg.] (2005): Pflegepädagogik für Studium und Praxis. 2. überarbeitete und aktualisierte Auflage. Heidelberg: Springer Verlag, S. 79-113.

Seipel, Christian; Rieker, Peter (2003): Integrative Sozialforschung. Konzepte und Methoden der qualitativen und quantitativen empirischen Forschung. Weinheim und München: Juventa Verlag.

Sieger, Margot (2005): Pflege im Spannungsfeld von Wissenschaftlichkeit und Beruflichkeit. In: Schneider, Kordula; Brinker-Meyendriesch, Elfriede; Schneider, Alfred [Hrsg.] (2005): Pflegepädagogik für Studium und Praxis. 2. überarbeitete und aktualisierte Auflage. Heidelberg: Springer Verlag, S. 1-17.

Stegmann, Michael; Schwab, Jürgen (2001): Statistik und Datenauswertung in der Sozialen Arbeit. Frankfurt am Main: Eigenverlag des deutschen Vereins für öffentliche und private Fürsorge.

Sturm, Bärbel (2002): Interne Fortbildung in der Pflege. Schulungsunterlagen für Altenpflege, Ambulante Pflege und Krankanhaus. Balingen: Spitta-Verlag.

Sullivan-Bolyai, Susan; Grey, Margaret (2005): Methoden der Datensammlung. In: LoBiondo-Wood, Geri; Haber, Judith [Hrsg.] (2005): Pflegeforschung. Methoden-Bewertung-Anwendung. 2. Auflage. München: Urban & Fischer Verlag, S. 465-493.

Von Stösser, Adelheid (1993): Pflegestandards. Erneuerung der Pflege durch Veränderung der Standards. 2., erweiterte Auflage. Berlin, Heidelberg: Springer Verlag.

Weinert, Franz E. (2001): Vergleichende Leistungsmessung in Schulen –eine umstrittene Selbstverständlichkeit. In: Weinert, F. [Hrsg.]: Leistungsmessungen in Schulen. 2. Auflage. Weinheim: Beltz-Verlag.

Wittneben, Karin (1994): Pflegedidaktik als Integrationswissenschaft. In: Schwarz-Govaers, Renate [Hrsg.] (1994): Standortbestimmung Pflegedidaktik. Referate zum 1. Internationalen Kongress zur Didaktik der Pflege. Aarau: Verlag der Kaderschule für die Krankenpflege, S. 23-35.

Wottawa, Heinrich; Thierau, Heike (1998): Lehrbuch Evaluation. Bern, Göttingen, Toronto, Seattle: Verlag Hans Huber.

Anhang

„SchülerInnen leiten eine Station"

Verlegung eines Patienten innerhalb des Hauses

Grundsätzliches:

Die Patienten vertrauen auf unsere Leistungen und möchten sicher und informiert verlegt werden!

- Patienten und Station (rechtzeitig) informieren.
- Patienten in der zuständigen Abteilung anmelden (vom Arzt oder Pflegepersonal).

→ Eine Notfallverlegung kann nach telefonischer Absprache mit der aufnehmenden Station zu jedem Zeitpunkt durchgeführt werden.

Durchführung:

- Der zuständige Arzt entscheidet, welcher/welche PatientIn verlegt wird.
⇒ betreuende Pflegekraft wird vom Arzt informiert
- Es erfolgt eine telefonische Absprache zwischen den Stationen.
⇒ konkreter Verlegungszeitpunkt
- Der/die PatientIn und im Bedarfsfall die Angehörigen werden durch den Arzt bzw. die Pflegeperson über die Verlegung informiert.
- Alle Unterlagen,
⇒ sämtliche Befunde etc. ,spezielle Medikamente sowie das Eigentum (WICHTIG: auch an evtl. eingeschlossene Wertsachen denken) des Patienten bei der Verlegung mitgeben.
- PatientIn wird von der zuständigen Pflegekraft auf die neue Station begleitet.
- Es folgt eine mündliche Übergabe durch die verlegende Pflegekraft (auf Besonderheiten z. B. Dekubitus u.a. hinweisen).
- Verabschiedung vom Patienten.
- Der/die PatientIn wird im Computer auf die neue Station verlegt.
- Die Küche wird von der aufnehmenden Station informiert.
- Ggf. neues Bett organisieren.

Verlegung von Patienten erfolgt IMMER mit einer examinierten Pflegekraft (Praxisanleitung).

Aufgaben der ProjektbegleiterInnen

- Rechtliche Absicherung
- Kontoll- und Anleitungsfunktion
- Beratung und Unterstützung
- Ansprechpartner für alle Personengruppen
- Hilfestellung bei Problemen und Konflikten
- Ausführen von Tätigkeiten in Absprache mit den Auszubildenden

Aufgaben der Stationsleitung

- Organisation der Station und Stationsabläufe
- Weisungsbefugnis
- Zusammenarbeit mit den Schichtleitungen
- Verantwortung für den Dienstplan (z. B. Krankheit oder Diensttausch)
- Ansprechpartner für alle Personengruppen
- Hilfestellung bei Konflikten
- Erhalten und Weitergeben von Informationen

Aufgaben der Schichtleitung

- Ansprechpartner für alle Personengruppen
- Einteilung der Arbeitsgruppen
- Weisungsbefugnis
- Individuelle und flexible Umgestaltung des Tagesablaufs
- Bei Dienstplanwünschen: Verweis auf zuständige Person
- Zur Konfliktlösung beitragen
- Erhalten und Weitergeben von Informationen

Im Spätdienst:

- Untersuchungsplan für den nächsten Tag schreiben
- Anmeldungen für die geplanten Untersuchungen verteilen

- Postkasten beim Pförtner leeren
- Labor für den nächsten Tag vorbereiten

Definition:

Maligner Tumor, der von den Drüsen (Adenokarzinom) oder dem Zylinderepithel der Magenschleimhaut ausgeht.

Krankheitsentstehung:

Bekannte Risikofaktoren sind:

- Gastritis
- Magenpolypen
- Familiäre Disposition
- Scharfes Essen
- Nikotin- und Alkoholabusus
- Helicobacter pylori Besiedlung

Symptome:

Meist keine oder nur Unspezifische, wie:

- Übelkeit
- Gewichtsverlust
- Leistungsabfall
- Schmerzen
- Evtl. Abneigung gegenüber bestimmten Speisen (Fleisch, Wurst)

Pflege:

- Patientenaufklärung, durch einleiten von Gesprächen mit dem zuständigen Arzt.
- Psychische Betreuung; auf Fragen der Betroffenen eingehen.
- Den körperlichen und den psychischen Zustand des Patienten beobachten und bei Veränderungen den Arzt informieren (auf die Schmerzsymptomatik achten).
- Regelmäßige Beobachtung gefährdeter Körperstellen (z.B. Mundschleimhaut).
- Regelmäßige Temperaturkontrollen, um Infektionen rechtzeitig erkennen zu können.
- Wunschkost; 5 – 6 kleine Mahlzeiten täglich.

- Abwehrgeschwächten Patienten keine verkeimten Lebensmittel (z.B. Blattsalat, rohes Fleisch) geben.

akut	chronisch
Definition: Plötzlich einsetzende Entzündung der Bauchspeicheldrüse mit Selbstverdauung des Organs und Beeinträchtigung der Pankreasfunktion.	**Definition:** Kontinuierlich oder in Schüben fortschreitende Bauchspeicheldrüsen- entzündung mit zunehmendem Verlust der endokrinen oder exokrinen Pankreasfunktion.
Krankheitsentstehung: - Verdauungsenzyme des Pankreas werden bereits im Pankreas und nicht erst im Dünndarm aktiviert - Folge: Selbstverdauung (Autolyse) des Organs	**Krankheitsentstehung:** Durch fortschreitende Entzündung geht das Funktionsgewebe des Organs im Verlauf von Jahren unter. Infolgedessen werden Verdauungsenzyme und Bicarbonat vermindert in den Dünndarm ausgeschüttet. Später sind auch die von der Pankreas produzierten Hormone (hauptsächlich Insulin) betroffen.
Hauptursachen: - 45 – 50% Gallenwegserkrankungen - 35 % Alkoholabusus - Hypertriglyceridämie - selten: - Infektionen wie Mumps, Scharlach, Hepatitis	**Hauptursachen:** - in ca. 75% durch Alkoholabusus bedingt - fettreiche Mahlzeiten
Symptome: - schwerer Dauerschmerz im Oberbauch, der oft gürtelförmig in den Rücken ausstrahlt - Übelkeit, Erbrechen, Fieber - Subileus, Ileus, Meteorismus - Ikterus, Aszites, Pleuraergüsse, Schock- & Sepsiszeichen	**Symptome:** - Schmerzattacken über mehrere Stunden bis Tage - Schmerzen sind im Oberbauch lokalisiert und strahlen gürtelförmig in den Rücken aus - Übelkeit, Erbrechen, Gewichtsabnahme - Diarrhoen, Meteorismus, diabetische Stoffwechsellage
Pflege: - engmaschige Überwachung auf IPS von: Vitalzeichen, Bewusstsein, Ausscheidung (Bilanz), ZVD, Labor, Infusion - Unterstützung bei den ATL´s + Prophylaxen - Nahrungskarenz - Magensonde bei wiederholtem Erbrechen - Schmerztherapie (Knierolle, Kühlelement auf ärztl. Anordnung) - nach Akutphase langsame Mobilisation und Kostaufbau	**Pflege:** - akute Schübe werden wie die akute Pankreatitis behandelt - Alkoholabstinenz, kein Koffein und Zigaretten - kohlenhydrat- & eiweißreiche, aber fettarme Kost, verteilt auf kleine Mahlzeiten - Insulingabe auf ärztl. Anordnung - Schmerztherapie (Knierolle + Medikamente auf ärztl. Anordnung)

Tagesablaufplan
Frühdienst

6.00 – 6.30 Uhr	Übergabe
6.30 – 6.40 Uhr	Liquimine/Clexane aufziehen
	Tropfen stellen
	Infusion/Kurzinfusion vorbereiten
6.45 – 7.30 Uhr	**1. Durchgang:**
	Vitalwerte bestimmen
	Flüssigkeitsbilanzierung
	Medikamente verteilen (Tropfen + Tabletten)
	Vormedikation BZ, Insulin, Clexane und Liquimine
	Betten, lagern
	Gläser austauschen, Getränke auffüllen
	Zahn-/Prothesenpflege
	Teilwaschung (Hände und Gesicht)
	Tische abwischen
7.30 – 8.15 Uhr	Essen austeilen und ggf. anreichen
	Nüchternplan beachten
8.15 Uhr	Abräumen
	Auf Medikamenteneinnahme achten
	Essenskarten (jede Gruppe für sich)
8.15 Uhr	Antibiose i.v.
8.30 – 9.00 Uhr	Pause (1. Gruppe)
	Andere Gruppe Beginn der Grundpflege
9.00 – 9.30 Uhr	Pause 2. Gruppe
	Andere Gruppe Beendigung der Grundpflege
10.00 Uhr	Visite (Ausführung und Ausarbeitung)
	2. Durchgang mit betten und lagern
11.00 Uhr	Vormedikation, BZ, Insuline, Tropfen
11.30 Uhr	Mittagessen austeilen und ggf. anreichen
12.15 Uhr	Abräumen
	Auf Medikamenteneinnahme achten
	Essenkarten (jede Gruppe für sich)
12.30 Uhr	**Letzter Durchgang**
	Betten und lagern, Getränke auffüllen
	Pflegewagen auffüllen für Spätdienst
13.00 Uhr	Übergabe
	Kaffee kochen

Allgemeines:

- Zugänge, Entlassungen und Untersuchungsvorbereitungen

- Individuelle Aufräumarbeiten (Spüle und Spülmaschine)

- 2stündlich lagern laut Plan

- zeitnahe Dokumentation

Tagesablaufplan

Spätdienst

13.00 – 13.40 Uhr	Übergabe
13.40 – 14.00 Uhr	Kurzinfusion / Infusionen vorbereiten
14.00 Uhr	**1. Durchgang** Kaffee, Tee, Getränke Kursinfusion / Infusionen anhängen Vitalwerte bestimmen
15.00 Uhr	Ggf. Ausgabe Apotheke / Materialbestellung auspacken
15.30 Uhr	Pause 1. Gruppe Andere Gruppe (Rundgang mit betten und lagern)
16.15 Uhr	Pause 2. Gruppe Andere Gruppe (Rundgang mit betten und lagern)
17.00 Uhr	Vormedikation BZ, Insuline, Tropfen
17.30 – 18.15 Uhr	Abendessen verteilen und ggf. anreichen
18.15 Uhr	Abräumen Auf Medikamteneinnahme achten **Essenskarten (jede Gruppe für sich)**
18.45 Uhr	**Letzter Durchgang** Vitalwerte bestimmen Clexane/Liquimine, Marcumar verteilen, Zahn- und Prothesenpflege Betten und lagern Ggf. Kurzinfusion/Infusion anhängen Getränke auffüllen Tische abwischen
20.00 Uhr	Pflegewagen auffüllen
20.15 – 20.40 Uhr	Übergabe Kaffee kochen

Allgemeines:

- Zugänge, Entlassungen und Untersuchungsvorbereitungen

- Individuelle Aufräumarbeiten

- 2stündlich lagern lt. laut Plan

- zeitnahe Dokumentation

- Post und Untersuchungsanmeldungen werden von der jeweiligen Schichtleitung im Haus verteilt

Tagesablaufplan

Nachtdienst

20.15 – 20.40 Uhr	Übergabe anhand Dokumentation Rahmenplan der Patienten erstellen
21.00 Uhr	**1. Durchgang** Nachmedikation verteilen Infusion/Kurzinfusion anhängen Lagerung Dispenser einsammeln **Anfallende Arbeiten:** Medikamente stellen Medikamtentenkontrolle exam. Pflegekraft Medikamentenabgleich (Kurve/Medikamentenkarte) Kurven abheften Ggf. Apotheken- und Materialbestellung Pflegewagen auffüllen/vorbereiten: Wäsche, Gläser, Getränke Müll- und Wäschesäcke Insulinspritzen, BZ-Gerät Clexane/Liquiminspritzen RR-Messgerät, Thermometer Tablettendispenser
5.00 Uhr	Evtl. Körperpflege (wenn nötig)
5.30 Uhr	Kurzinfusion/Infusion bereitstellen (für den ganzen Tag) Kaffee kochen
6.00 bis 6.30 Uhr	Übergabe

Allgemeines:

- individuelle Pausengestaltung

- Zugänge, Entlassungen, Untersuchungsvorbereitungen

- 2stündliche Lagerung lt. Lagerungsplan

- Aufräumarbeiten

- Zeitnahe Dokumentation

- Pendelmappe

- Nüchternplan vorbereiten

Anhang F:

Ösophago-Gastro-Duodenoskopie (ÖGD)

Untersuchungs-Voraussetzungen:

- Anmeldung mit Unterschrift der Ärztin/ des Arztes, mit Fragestellung, Anamnese und Vorbefunden.
- **Unterschriebene** Aufklärung.
- Aktuelles **Labor** mit Gerinnung und Thrombozyten; Blutgruppe ist nur bei geplanter Intervention (Ösophagusvarizen-Ligatur, Polypektomie etc.) erforderlich.
- **ASS-Medikation** und **Vollheparinisierung** auf Anmeldung vermerken!
- **Kein Clexane, Liquemin etc. am Untersuchungstag.**
- Venöser Zugang (Braunüle).

Patientenvorbereitung:

- Letzte Mahlzeit am Vorabend der Untersuchung.
- Einnahme der Morgenmedikation mit etwas Wasser (6.00 Uhr); **Ausnahme: Antidiabetika.**
- Insulinpflichtige Diabetiker erhalten ½ **Dosis Insulin.**
- Mundpflege bei entsprechenden Patienten durchführen.
- Zahnprothese muss **nicht** auf Station entfernt werden.
- Vor dem Transport Blase und Darm entleeren lassen.
- Transport auf Abruf.
- PatientIn wird mit den vollständigen Unterlagen übergeben.

Nachsorge:

- Nahrungs- und Flüssigkeitsaufnahme erfolgt nach ärztlicher Anordnung und dem Befund.
- Nach Rachenanästhesie unbedingt 1½-2 Stunden Nahrungs- und Flüssigkeitskarenz (Aspirationsgefahr!).
- Die Patientenüberwachung richtet sich nach der ärztlichen Anordnung.

107

Dienstplan

März 2007 (03.03 - 17.03.07)

Allg. Vorgaben:
☐ = Schichtleitung
F = Frühdienst
S = Spätdienst
N = Nachtdienst
X = frei
U = Urlaub
K = krank
KK = Kind krank
MS = Mutterschutz

Arbeitstage: 11

Sollstunden: 88

Dat.	1	2	3	4	5	6	7	8	9	10	11	12	13	14	15	16	17	18	19	20	21	22	23	24	25	26	27	28	29	30	31
Wo.tag / Gut. Std.	Do	Fr	Sa	So	Mo	Di	Mi	Do	Fr	Sa	So	Mo	Di	Mi	Do	Fr	Sa	So	Mo	Di	Mi	Do	Fr	Sa	So	Mo	Di	Mi	Do	Fr	Sa
Name																															
Schüler H. G.			S	S	F	F	F	F	F	X	X	S	S	F	F	F	X														
Schüler L. D. stellv. Stationsltg.			N	N	X	X	X		S	S	S	F	X	S	S	F	F														
Schülerin S. K.			X	X	S	S	S	S	S	F	X	F	N	X	X	S	F														
Schülerin S. A.			S	F	X	F	F	F	X	F	X	S	S	S	F	S	X														
Schüler R. B.			S	F	F	F	F	F	X	F	S	N	N	N	X	X	F														
Schülerin M. R.			X	N	N	N	N	X	X	F	F	F	F	S	X	S	X														
Schülerin B. J.			S	F	F	F	F	F	F	X	X	F	S	S	S	S	X														
Schülerin M. K.			K	K	K	K	K	N	K	X	K	S	K	K	S	K	F														
Schülerin S. H.			X	F	F	S	S	F	N	N	X	X	F	F	F	F	F														
Schülerin N. P.			S	S	F	F	F	F	F	X	X	S	S	S	S	F	X														

108

Dienstplan

März 2007 (03.03 – 17.03.07)

Allg. Vorgaben:

- ◻ = Schichtleitung
- F = Frühdienst
- S = Spätdienst
- N = Nachtdienst
- X = frei
- U = Urlaub
- K = krank
- KK = Kind krank
- MS = Mutterschutz

Arbeitstage: 11

Sollstunden: 88

Datum	1	2	3	4	5	6	7	8	9	10	11	12	13	14	15	16	17	18	19	20	21	22	23	24	25	26	27	28	29	30	31
Wo.tag / Gut. Std.	Do	Fr	Sa	So	Mo	Di	Mi	Do	Fr	Sa	So	Mo	Di	Mi	Do	Fr	Sa	So	Mo	Di	Mi	Do	Fr	Sa	So	Mo	Di	Mi	Do	Fr	Sa
Schüler J. P. (Schichtleitung)			X	F	S	S	S	S	S	X	F	F	F	F	F	S	X														
Schülerin B. K.			X	S	S	S	X	S	S	S	F	F	F	X	N	N	X														
Schülerin P. S.			N	N	N	X	X	F	F	S	F	F	F	X	S	X	X														
Schülerin K. H.			S	F	F	F	F	F	F	F	S	S	X	S	S	S	X														
Schülerin A. K.			X	S	S	S	S	S	S	S	S	X	X	X	N	N	X														
Schüler J. P.			X	X	S	S	S	S	N	N	F	X	S	N	F	F	X														
Schülerin J. Z. (Mittelkurs)			S	F	X	X	S	F	S	S	N	F	F	F	X	S	F														
Schüler M. B. (Mittelkurs)			X	S	F	F	X	X	F	F	F	S	S	S	F	F	X														
Schülerin S. K. (Mittelkurs)			S	F	S	S	F	F	F	S	S	S	S	F	F	X	X														
Schicht-besetzung F			–	7	6	6	6	7	7	6	6	6	6	7	7	6	6														
Schicht-besetzung S			7	6	7	7	6	6	6	6	6	7	7	6	6	6	–														
Schicht-besetzung N			2	2	2	2	2	2	2	2	2	2	2	2	2	2	–														

Sehr geehrte Patientin,
sehr geehrter Patient,

Ihre Zufriedenheit mit der Pflege während dieses Krankenhausaufenthaltes ist uns ein besonderes Anliegen.
In der Zeit vom 03.03. – 17.03.2007 wird die Pflege der Patienten auf Station 41 von Auszubildenden der Krankenpflegeschule der Kliniken Herzberg und Osterode GmbH übernommen, die kurz vor dem Abschluss der Ausbildung stehen.
Bei diesem Projekt werden wir, die Auszubildenden des dritten Ausbildungsjahres, vom examinierten Stammpersonal der Station, von Lehrerinnen und Lehrern der Krankenpflegeschule und Auszubildenden des zweiten Ausbildungsjahres begleitet und unterstützt.

Um spezielle Informationen über Ihre Zufriedenheit bezüglich der Pflege während dieser Zeit zu erhalten, bitten wir Sie, sich an dieser Umfrage zu beteiligen und den anliegenden Fragebogen auszufüllen.
Ihre Aussagen werden selbstverständlich anonym behandelt.

Der eigentliche Patientenfragebogen der Kliniken Herzberg und Osterode GmbH wird davon nicht berührt. Bitte füllen Sie diesen daher unabhängig von diesem Fragebogen aus.

Vielen Dank für Ihre Mithilfe.
Kurs 04/07 der Krankenpflegeschule
der Kliniken Herzberg und Osterode GmbH

Informationen zum Ausfüllen des Fragebogens:

- Bei nicht für Sie zutreffenden Fragen ist keine Beantwortung nötig.
- Wählen Sie auf der vorgegebenen Leiste das für Sie Zutreffende und kreuzen Sie dieses bitte an.

Fragebogen

	trifft voll zu	trifft eher zu	trifft weniger zu	trifft gar nicht zu
1. Das Pflegepersonal hat mich freundlich auf der Station aufgenommen.	☐	☐	☐	☐
2. Meine Fragen bezüglich des Krankenhausaufenthaltes wurden von den Pflegekräften ausreichend beantwortet.	☐	☐	☐	☐
3. Bei Problemen stand mir das Pflegepersonal hilfreich zur Seite.	☐	☐	☐	☐
4. Ängste, die bei mir aufgetreten sind, wurden vom Pflegepersonal ernst genommen.	☐	☐	☐	☐
5. Durch das Pflegepersonal wurde mir vermittelt, dass mein Wohlbefinden während des Krankenhausaufenthaltes wichtig war.	☐	☐	☐	☐

	trifft voll zu	trifft eher zu	trifft weniger zu	trifft gar nicht zu
6. Das Stationspersonal arbeitete gut zusammen.	☐	☐	☐	☐
7. Das Betriebsklima auf der Station empfand ich als angenehm.	☐	☐	☐	☐
8. Station und Untersuchungs-/ Behandlungseinheiten kooperierten gut miteinander.	☐	☐	☐	☐
9. Die Pflegenden verfügten über ausreichende fachliche Kenntnisse.	☐	☐	☐	☐
10. Durchgeführte Pflegetätigkeiten wurden mir vorher verständlich erklärt.	☐	☐	☐	☐
11. Das Pflegepersonal arbeitete sorgfältig und gewissenhaft.	☐	☐	☐	☐

Was möchten Sie uns bezüglich des Projektes noch mitteilen?

_____

_____

_____

_____

Vielen Dank für Ihre Unterstützung! ☺

Fragebogen für ProjektbegleiterInnen

Sehr geehrte Kolleginnen und Kollegen,

unser Projekt „SchülerInnen leiten eine Station" auf der Station 41 ist
beendet.
Wie schon in der Planungsphase angedeutet, soll dieses Projekt
keine „Eintagsfliege" sein.

Um den SchülerInnen eine Rückmeldung geben zu können und um das
Konzept der SchülerInnenstation positiv zu überarbeiten, benötige ich von
allen am Projekt Beteiligten eine konstruktive Rückmeldung.
Bitte füllen Sie dazu den anliegenden Fragebogen aus.
Selbstverständlich wird dieser Fragebogen anonym behandelt.

Vielen Dank für Ihre Mithilfe.
Marion Kosak

Informationen zum Ausfüllen des Fragebogens:

- Bei nicht für Sie zutreffenden Fragen ist keine Beantwortung nötig.
- Wählen Sie auf der vorgegebenen Leiste das für Sie Zutreffende und kreuzen Sie dieses bitte an.

Fragebogen

Pflegerpersonal ☐   KPS ☐

	trifft voll zu	trifft eher zu	trifft weniger zu	trifft gar nicht zu
1. Die Durchführung einer Schulstation ist für den beruflichen Werdegang der SchülerInnen hilfreich.	☐	☐	☐	☐
2. Die Vorbereitung für das Projekt war für mich ausreichend.	☐	☐	☐	☐
3. Die SchülerInnen waren ausreichend auf das Projekt vorbereitet.	☐	☐	☐	☐
4. Mit dem Ablauf des Projektes bin ich zufrieden.	☐	☐	☐	☐
5. Während des Projektes habe ich mich in meiner Rolle wohl gefühlt.	☐	☐	☐	☐

	trifft voll zu	trifft eher zu	trifft weniger zu	trifft gar nicht zu
6. Bei aufgetretenen Schwierigkeiten haben die SchülerInnen um Hilfe gebeten.	☐	☐	☐	☐
7. Die Zusammenarbeit der SchülerInnen mit den anderen Berufsgruppen empfand ich als angenehm.	☐	☐	☐	☐
8. Die Zusammenarbeit der SchülerInnen war produktiv.	☐	☐	☐	☐
9. Das Betriebsklima auf der Station empfand ich als angenehm.	☐	☐	☐	☐
10. Station und Untersuchungs-/ Behandlungseinheiten kooperierten gut miteinander.	☐	☐	☐	☐
11. Durch das Projekt haben die SchülerInnen Sicherheit im Tagesablauf einer Station bekommen.	☐	☐	☐	☐
12. Das SchülerInnen arbeiteten sorgfältig und gewissenhaft.	☐	☐	☐	☐

	trifft voll zu	trifft eher zu	trifft weniger zu	trifft gar nicht zu
13. Die Patienten waren pflegerisch gut versorgt.	☐	☐	☐	☐
14. Bei den im Folgenden aufgeführten Punkten habe ich während des Projektes feststellen können, dass die SchülerInnen an Sicherheit gewonnen haben.				
a) Pflegehandlungen prozessorientiert planen und durchführen	☐	☐	☐	☐
b) Psychisches und physisches Befinden beobachten und auf Veränderungen reagieren	☐	☐	☐	☐
c) Pflegehandlungen und Beobachtungen vollständig dokumentieren	☐	☐	☐	☐
d) Theoretische Kenntnisse in praktisches Handeln umsetzen	☐	☐	☐	☐
e) Fachvokabular verstehen und situationsgerecht anwenden	☐	☐	☐	☐

	trifft voll zu	trifft eher zu	trifft weniger zu	trifft gar nicht zu
f) Ausführen von Anordnungen	☐	☐	☐	☐
g) Anmeldung, Vor- und Nachbereitung von Untersuchungen	☐	☐	☐	☐
h) Umgang mit dem PC	☐	☐	☐	☐
i) Kommunikation mit Patienten und Angehörigen	☐	☐	☐	☐
j) Mit anderen Berufsgruppen kooperieren	☐	☐	☐	☐
k) Mit Konflikten produktiv umgehen	☐	☐	☐	☐
l) Feedback geben und annehmen	☐	☐	☐	☐
m) Eigene Stärken und Schwächen erkennen	☐	☐	☐	☐

15. Die Durchführung des Projektes in einem Zeitrahmen von zwei
Wochen war ausreichend.

☐ Ja   ☐ Nein,

für die Durchführung des Projektes
im nächsten Jahr schlage ich
folgenden Zeitrahmen vor:

☐ eine Woche

☐ zwei Wochen

☐ fünf Wochen

16. Anmerkungen und/ oder Anregungen

_____

_____

_____

_____

_____

_____

_____

_____

_____

Danke für Ihre Unterstützung! ☺

SchülerInnenfragebogen

	trifft voll zu	trifft eher zu	trifft weniger zu	trifft gar nicht zu
1. Die Durchführung einer Schulstation ist für meinen beruflichen Werdegang hilfreich.	☐	☐	☐	☐
2. Die Vorbereitung für das Projekt war für mich ausreichend.	☐	☐	☐	☐
3. Die Begleitung des Projektes durch die examinierten Pflegekräfte der Station war angemessen.	☐	☐	☐	☐
4. Die praktische Begleitung durch die Lehrkräfte der Schule war angemessen.	☐	☐	☐	☐
5. Mit dem Ablauf des Projektes bin ich zufrieden.	☐	☐	☐	☐
6. Während des Projektes habe ich mich in meiner Rolle wohl gefühlt.	☐	☐	☐	☐

	trifft voll zu	trifft eher zu	trifft weniger zu	trifft gar nicht zu
7. Bei aufgetretenen Schwierigkeiten standen mir die „BegleiterInnen" des Projektes hilfreich zur Seite.	☐	☐	☐	☐
8. Ich konnte eigenverantwortlich und selbstständig arbeiten.	☐	☐	☐	☐
9. Die Zusammenarbeit mit den anderen Berufsgruppen empfand ich als angenehm.	☐	☐	☐	☐
10. Mit der Zusammenarbeit in unserem Kurs war ich zufrieden.	☐	☐	☐	☐
11. Das Betriebsklima auf der Station empfand ich als angenehm.	☐	☐	☐	☐
12. Station und Untersuchungs-/ Behandlungseinheiten kooperierten gut miteinander.	☐	☐	☐	☐
13. Durch das Projekt habe ich Sicherheit im Tagesablauf einer Station bekommen.	☐	☐	☐	☐

	trifft voll zu	trifft eher zu	trifft weniger zu	trifft gar nicht zu
14. Meine Kolleginnen/Kollegen arbeiteten sorgfältig und gewissenhaft.	☐	☐	☐	☐
15. Die Patienten waren pflegerisch gut versorgt.	☐	☐	☐	☐
16. Bei den im Folgenden aufgeführten Punkten habe ich durch das Projekt Sicherheit bekommen.				
a) Pflegehandlungen prozessorientiert planen und durchführen	☐	☐	☐	☐
b) Psychisches und physisches Befinden beobachten und auf Veränderungen reagieren	☐	☐	☐	☐
c) Pflegehandlungen und Beobachtungen vollständig dokumentieren	☐	☐	☐	☐
d) Theoretische Kenntnisse in praktisches Handeln umsetzen	☐	☐	☐	☐
e) Fachvokabular verstehen und situationsgerecht anwenden	☐	☐	☐	☐

	trifft voll zu	trifft eher zu	trifft weniger zu	trifft gar nicht zu
f) Ausführen von Anordnungen	☐	☐	☐	☐
g) Anmeldung, Vor- und Nachbereitung von Untersuchungen	☐	☐	☐	☐
h) Umgang mit dem PC	☐	☐	☐	☐
i) Kommunikation mit Patienten und Angehörigen	☐	☐	☐	☐
j) Mit anderen Berufsgruppen kooperieren	☐	☐	☐	☐
k) Mit Konflikten produktiv umgehen	☐	☐	☐	☐
l) Feedback geben und annehmen	☐	☐	☐	☐
m) Eigene Stärken und Schwächen erkennen	☐	☐	☐	☐

17. Die Durchführung des Projektes in einem Zeitrahmen von zwei
    Wochen war ausreichend.

☐ Ja   ☐ Nein,

                         für die Durchführung des Projektes
                         im nächsten Jahr schlage ich
                         folgenden Zeitrahmen vor:

                         ☐ eine Woche

                         ☐ zwei Wochen

                         ☐ fünf Wochen

18. Anmerkungen und/ oder Anregungen

_____

_____

_____

_____

_____

_____

_____

_____

_____

_____

_____

Danke für Eure Unterstützung! ☺